とっさのひと言で心に刺さるコメント術

おちまさと
Ochi Masato

PHP新書

とっさのひと言で心に刺さるコメント術

［目次］

プロローグ

「コメント、苦手なんです」とは言っていられない

第1章

［心構え］……

コメントは事前に用意するな

第2章

［感想力］……見たり聞いたりしたらアウトプットする

第3章 [即レス]……〇・一秒でとにかく口に出す

第4章

［ボキャブラリー］

相手との距離感を踏まえて言葉を選ぶ

第5章
[たとえる]……

社会問題を「ご近所トラブル」で説明する

第6章

[逆質問]……納得できないまま答えてはいけない

第7章

［インターネット］

……フォロワーの数よりオピニオンで勝負する

エピローグ　ブレない姿勢がいいコメントを生む

プロローグ

「コメント、苦手なんです」とは言っていられない

質問とコメントはコインの表と裏

自己宣伝から始まるようで恐縮なのですが、『相手に9割しゃべらせる質問術』（PHP新書）、すでに読んでいただけましたでしょうか。著者としてたいへん幸せなことに、多くの方が手に取ってくださっているようです。

ぼくが理想とする質問術とは、自分は一割程度しか口を開かない省エネタイプ。それでも相手をこの上なく心地よくさせて、決してほかでは聞けないような話まで引き出してしまおうという一石二鳥、いえ、「一石多鳥」にもなる方法なのです。

一の質問で相手から一〇や一〇〇もの答えが引き出せるのですから、自分が話しベタでも会話は盛り上がり、ときには「それにしても、おちさんは話し上手だなあ」などとほめていただけることさえあります。ほとんどしゃべっていないのですけどね……。

また、こちらが駆け出しだろうがシロウトだろうが、目上の人やその道のプロとも堂々と会話できるようになるのも、この質問術のいいところ。なにしろ、答えるのは自分ではなく相手なのですから。知識や経験が乏しくても、相手の胸を借りつつ、サシで渡り合えるのです。

読んでくださった方からは、「だれと会ってもビビらなくなった」「コミュニケーションが楽しくなった」と、嬉しい感想を頂戴しています。

そんななかで、「質問したら『君ならどう答える?』と逆に質問されて、パニックになった」と話してくれた人がいました。なるほど、質問と答えはコインの表裏。いつ立場がひっくりかえるかわかりません。相手が九割しゃべってくれるとはいえ、油断は禁物。突然の逆転劇にも備える必要はありそうです。

そこで、質問力と合わせて身につけたいのが「コメント力」なのです。

一対一の対話にかぎらず、この時代、コメントを求められる場面はさまざまあります。職場での会議や社外の勉強会、クライアントや取引先とのおつきあい。プライベートでは合コンや飲み会もあるでしょうし、外を歩けば、テレビの街頭インタビューにつかまってしまうことだってなくはありません。

「で、君の考えは?」

「オススメは何?」

「この事件についてどう思いますか？」

そんなとき、「さあ、どうでしょう……」「いいと思います」の連発では、あなたの評価はガタ落ちです。「オレ、頭の中じゃ、けっこういいこと考えてるんだけどなあ」などと、あとになって自分に言い訳したところで、その場でとっさに口にできなければ、「つまらないヤツ」「使えないヤツ」の烙印《らくいん》を押されかねないのです。

ブログやツイッター、フェイスブックなど、ソーシャルメディアを通じたコミュニケーションも、ますます重要になっています。

世界じゅうに八億四五〇〇万人のユーザーを抱えるフェイスブックでは、一日にアップロードされる写真の枚数が二億五〇〇〇万枚、飛び交う「いいね！」とコメントの総数は、なんと二七億回にものぼるといいます。

あなたのひと言が瞬時に巨大ネットワークを駆けめぐり、世界を変えるきっかけになることだって夢じゃない。コメント力のあるなしが、そのまま「人生格差」になる時代なのです。暢気《のんき》に「コメント、苦手なんです」とはもう言っていられません。

そのコメント、「刺さって」ますか？

それでは、いいコメントとは、いったいどんなものを指すのでしょうか。

ブログやツイッターをやっていると、「今日のコメント、刺さりました」という反応をもらうことがときどきあります。

「なるほど！」の腹落ち感や、「そのとおり！」の共感、不思議とモチベーションが上がる感じ……。この「刺さる」は、いろいろな感情がこめられた言葉です。

なかでも、いちばん「刺さる」を使いたくなるのが、「そうそう、それが言いたかったんだよ」と、思わず膝を叩きたくなるようなコメントを読んだり聞いたりしたときではないでしょうか。

相次ぐ無差別殺人に、いっこうに上向かない景気、何も変わらない政治家たち……世の中のさまざまな出来事に対して、だれもが違和感を強めているはずです。

「いまの世の中おかしーんだよ！」

「さっきのあいつの態度、気に食わねー！」

たんなる怒りや否定では、声が大きければ大きいほど、伝わるものも伝わらない。豊富な経験やボキャブラリー、映像が浮かぶような視点や巧みな比喩《ひゆ》など、多くの才能が要求されるだけに、違和感を言語化すること、それも、ふつうのトーンで懇切丁寧《こんせつていねい》に説明することは、とても難しい作業です。

何だろう、このざわざわする感じ。

言いたいことはあるんだけど、言語化できないモヤモヤ感。

うすうす感じてはいるんだけど、うまく言えない。

ああ、ここまで出てるんだけどなあ……。

こんなじれったさを、みごとな表現力でうまく代弁してくれたときのスカッとした爽快感《そうかいかん》。多くの人がそんなコメントに刺さり、「そう、それ！」と言いたくなるのだと思います。

「あの人はいつもいいこと言うなあ」

「やっぱり彼の言うことはひと味違うよね」

そんなふうに周囲から一目置かれるような「刺さる」コメントを発するには、どんな技術が必要なのでしょう。
その答えを、これから少しずつ解き明かしていけたらと思います。

質問もコメントも自分は「一割」でかまわない

さて、すでに『相手に9割～』を実践してくださっている人のなかには、もしかしたら、「質問されてコメントする側になったら、今度は自分が九割しゃべらなきゃいけないのか」と思っている人がいるかもしれません。

それは違います。ここで言うコメントは、スピーチのように長々と意見や雑感を述べたり、解説したりするものではありません。ぼくが考えるコメントとは、相手の質問や目の前の状況に対して即座に反応する気の利いたひと言のこと。あくまでも短く、それでいてズバリと本質を衝《つ》いて人の心を動かす発言なのです。

たとえば、質問術で例に挙げた「マジっすか?」という相づちは、質問であると同時に、すばらしいコメントにもなっています。たった五文字なのに、驚きと敬意、「あなたの話に興味津々ですよ」といった気持ちまでコンパクトに言い表しているからです。

どんなにためになる専門分野の話であれ、綿々と訴えたい自説であれ、全体の九割もの時間を奪ってダラダラとしゃべるなど愚の骨頂。言葉を重ねれば重ねるほど、相手には伝わりにくいものなのです。

そんなわけで、コメントは十秒から十五秒の長さで十分。つまり、質問する側になってもコメントする側になっても、やっぱりあなたは「一」でいい。どんな場合もつねに相手に九割しゃべらせるのが、エネルギーを温存しつつ、それでいて「うまい！」と言われるコミュニケーションの極意なのです。

「感じた」だけでは言葉にならない

残念ながら現状では、コメント力が低いと言わざるをえないのが日本人。個性より和を重んじる元来の国民性ゆえなのか、ゆとり教育の弊害か。とくに若者たちのあいだには、「目立ちたくない」「怒られたくない」気質の人が多い気がしてなりません。

だから、意見を求められても「○○さんと同じです」「全体的によかったです」など、当たり障《さわ》りのない無難なコメントになってしまう。

テレビCMで流れる映画の感想コメント。作品のおもしろさをアピールするのが目的のはずなのに、出てくるフレーズは「感動しました」「最高！」「いままでいちばん泣けました」――どこかで聞いたような決まり文句ばかりだと思いませんか。これで観客は増えるのでしょうか。

宣伝文句からして、このようなワンパターンが平気でまかり通るのは、裏を返せば、気持ちや感情を〝自分の言葉〟にするのがヘタな人が多い証拠だと思います。

その背景には、ここ二十年くらいでしょうか、「考える」より「感じる」ことを重視する社会の風潮があるのではないかとぼくは考えます。

学力偏重をやめて情感形成を大切にしようとばかりに、かつて有名小学校のお受験でも「ザリガニをつかんで絵を描こう」という問題が出て、話題になったことがありました。以降、毎年入試シーズンになると、お受験ママに買い占められてペットショップからザリガニが消える……というオマケつき。

知識や情報の詰め込みより、心や身体で「感じ」よう。

右脳を鍛えて、創造力を養おう。

そんなスローガンが、いつの間にか「感じること優先、考えなくてもいい」にすり替わってしまったのでしょう。言うまでもなく、「感じる」ことと「考える」ことは車の両輪です。どちらか一方に軸足を置けばいいというものではありません。

「Don't think. Feel!」（考えるな。感じろ！）

かつて映画『燃えよドラゴン』のなかでブルース・リーが言った名言です。

しかしこれだって、あくまでも技に対する「考え」を究めた武道の達人が、最終的に行き着く境地。シロウトのぼくたちが、ただ「感じた」だけで武道がうまくなるはずもありません。

言葉だって、同じこと。ただ「感じた」だけでは出てきません。

もちろん「感じる」ことは大切です。でも、それを人に伝えるためには、やはり「考える」ことを通じて、五感から得た情報を言語化する作業が不可欠なのです。

くしくも、最近観た映画『マーガレット・サッチャー 鉄の女の涙』のなかで、メリル・ストリープ演じるサッチャーさんはこんなことを言っています。

「最近の人は『どう感じたか』ばかり聞くけれど、ほんとうに大切なのは『どう考えたか』なのよ」

「考えは言葉になり、行動を生み、習慣となる。習慣はやがて人格となり、そして人格はその人の運命をつくる」

彼女が父親から受け継いだのは、そんな信念だったそうです。コメントベタないまの時代に、まさに「刺さる」言葉ではないでしょうか。

「むちゃぶりっすよ～」の逃げ口上ではコメント力は上がらない

テレビという〝通信教育〟を受けつづけてきた結果でしょうか、コメントが苦手なわりには、いわゆる〝むちゃぶり〟全盛の時代でもあります。

合コンや友人の集まり、はたまた会社の会議にいたるまで、なんの脈略もなく、いきなり「おまえ、何か言えよー」と振られてしまう。しゃべり上手な芸人さんたちが丁々発止でやりあうバラエティ番組の形式が、一般の人たちの生活にも根づいてしまった結果です。

プロの芸人さんならどんな振りにも気の利いたひと言が言えるでしょうが、ふつうの人はなかなかそうはいきません。コメントがスべって恥をかくのもカッコ悪いし、どうしよう……。

でも、テレビはそんなときの対処法も教えてくれていたのです。

「部長、それ、むちゃぶりっすよ～」

こんなふうに泣きを入れて周囲の笑いを誘ってしまえば、自分の意見や考えを言わなくても、なんとなくすまされてしまう。

話を振り合うわりにはコメント力がいっこうに上がらないように見えるのは、こうした逃げ口上ばかりがうまくなったことも一因なのかもしれません。

最近、人と語り合っていますか?

しかし、ここでコメント力の低さを嘆いていても前には進めません。

「何かしゃべろうとすると、頭が真っ白になってしまうんです」

「途中で自分でも何を言ってるのかわからなくなって、どんどんグダグダに……」

質問であろうが、コメントであろうが、口を開いて何かを語ろうと意気込めば、そんなふうにあがったり、テンパったりするのは、ある意味、自然なことなのです。それをもって、自分は話しベタだとあきらめる必要はありません。コメント力はだれでも磨くことができるのです。

その第一歩は、とにかく人と語り合うことだとぼくは思います。当たり前すぎて、ガッカリしましたか。やはり場数を踏む、慣れることに勝る訓練はありません。

ヨーロッパに旅行したことがある人はわかると思いますが、かの地の人々は、じつによく語ります。

男どうしで朝っぱらからカフェに集《つど》い、顔をつきあわせては、あーだ、こーだとやっているのです。多人種が共存する国で生きていると、日本人どうしのように、阿吽《あうん》の呼吸でわかりあえるという発想にはならないのかもしれない……。

と、近づいて聞いてみれば、「あそこのメシがうまい」とか「まずい」とかの話だったりして、「なんだ、たいしたことは語ってないじゃん」ということもあります。

でも、それだっていいじゃないですか。テーマは何であれ、とにかく自分が考えたこと、感じたことを言語化する。これがコメント力向上の基本なのです。

ディベートまでいくと、敷居が高くなりますから、まずは、家族や親しい人と語る習慣を意識的につけてみてはどうでしょう。

大切なのは、面倒がらずにきちんと語ることです。

「最近なんかおもしろいことあった?」「べつに」とか、「忙しい?」「まあ、ぼちぼち」のような表面的な会話は、言語化の練習にはまったくなっていません。「語り」とはいえないのです。

最初から「うまいことを言おう」とは思わないこと

アップル社の共同創業者スティーブ・ジョブズさんが亡くなったとき、オバマ大統領が発表した追悼声明のなかにこんなひと言がありました。

世界じゅうの多くの人が、彼の訃報《ふほう》を、彼自身が発明した道具で知ることになった。それこそが何よりも彼の成功に対する最大の賛辞かもしれません。

さすが「Yes, we can.」の男。うしろに優秀なスピーチライターが控えてはいるのでしょうが、きっと世界じゅうが「うまい！」と膝を叩いたことでしょう。

しかし、だれもが急にこんなすばらしいコメントを言えるわけではありません。最初から「うまいこと言ってやろう」と目論《もくろ》むと、たいてい失敗に終わります。

ぼくもそうでした。「カッコいい」と思われたい、「おちさん、天才！」と言われたい。そんなふうに、ふだんの実力以上の自分を見せようとするから、やたらと緊張して、言いたいことがうまく言えなくなってしまうのです。

八〇パーセントの自分でいいのです。背伸びして、あやふやな理解のまま小難しい格言を引っ張り出してきたり、慣れないジョークを飛ばして笑いを取ろうとしないこと。一二〇パーセントに盛った自分を演出したとたん、口から出るコメントも他人からの借り物になってしまいます。

『相手に9割〜』でも述べましたが、ありのままのフラットな自分でいてください。あなたにしか伝えられない、あなたならではのコメントがあるはずです。あとは、失敗を恐れず場数を踏むしかありません。

知識をひけらかすのはコメントじゃない

ありのままのフラットな自分では、どうせろくなことが言えない……。

そう感じている人もいるかもしれません。

たいした知識もない、新しい情報にも鈍感だし、頭の回転もそう速くない。そんな自分に気の利いたひと言なんかムリ……。

いや、ぼくはそうは思いません。なぜならコメントとは、知識や情報をひけらかすものではないからです。

たとえば、テレビに出てくるコメンテーターを考えてみてください。彼らは、いまリアルタイムで報道されている出来事に対して、自分なりの解釈を、自分の言葉で語るのが仕事です。「なるほどね〜。そういう見方もあったのか」と視聴者の脳を刺激して、ニュースや事件をさまざまな側面から考える手助けをすることが求められています。

もし、「じつは、これと同じ事件が○○○年に南米で起こりましてね。そのときの状況はこうで、データはこうで……」などと、あらかじめ調べてきたであろう知識や情報を延々と述べる人がいたら、それはコメンテーターというよりは解説者でしょう。

つまり、コメントするには、特別すごい知識や情報、難問を解くだけの学力がなくてもべつに問題はないのです。

ちなみに、二〇一一年十二月、NASA(米航空宇宙局)が発表したこんなニュースを覚えていますか。


NASA=アメリカ航空宇宙局は5日、水が液体で存在している可能性がある地球によく似た惑星を発見したと発表し、太陽系以外での生命の探査につながるものとして注目されています。

これは、NASAが太陽系以外で地球に似た惑星を探すために、おととし打ち上げたケプラー宇宙望遠鏡を使って、はくちょう座と、こと座の方角にある15万余りの星を観測してその中から見つけたものです。

この惑星は、地球から600光年離れた場所にある「ケプラー22b」と呼ばれ、半径は地球の2・4倍、太陽のように熱と光を発する恒星の周りを290日かけて公転しています。さらに、この惑星は恒星から適度に離れており、表面の温度は20度ほどとみられ、水が液体で存在している可能性もあるということです。

地球に似た惑星は、これまでもヨーロッパの研究チームによって2つ発見されていますが、NASAは、今回見つけた惑星の環境が最も地球に似ていると考えていて、太陽系以外での生命の探査につながるものとして、さらに詳しい観測を続けることにしています。

（NHK）

このとき、ぼくの頭の中にとっさに浮かんだコメントはこうでした。

「そっちの神さま、だれよ？」

六〇〇光年かなたに、地球と瓜二つの惑星が存在する。ならば、そこには絶対に人間みたいな地球外生命体がいるはずだ。ふつうの暮らしがあって、政治も経済も宗教もあるはずだ。もしかして、あっちの星の人もユーチューブで地球を見てたりして……。

こんなことを瞬時に想像、いや、妄想《もうそう》した結果、頭に出てきたひと言です。

べつにだれに語ったわけでもない、ただ思いついただけの言葉です。でも、難しい言葉で宇宙開発の歴史や天文学を語るより、このひと言で宇宙が急に身近になって、自分の手のひらに載せることができた気がしました。

こんなコメントのタネも、元をたどれば、小学生のころからぼくが抱いていた宇宙に対する夢や好奇心だけだと思います。

一所懸命に勉強したり、情報集めをしたりしなくてもいい。いま、あるがままのあなたのなかに宝の山はあるのです。あなたに考える力と、言葉を口に出そうという気概さえあれば、いつだってそんな宝の山を掘り起こすことは可能なのです。

他人や社会には無関心、でも〝自分語り〟は止まらない

当たり障りのない、ざっくりしたアバウトなコメントが氾濫《はんらん》している一方で、ことインターネット上では、驚くほど雄弁に自分のことを語っている人が多いことには目を瞠《みは》るものがあります。

「私はこういう人間」
「オレってそんな男」

「昨日これを買った」

「心が落ち込んだ」

「ホント忙しい」

「マジで疲れた」

「ランチなう」

食べたものから出かけた場所、プライベートな悩みや性格の自己分析まで、自分を語り尽くして伝えずにはいられない。いまこの瞬間も、ネット回線を通じて、すさまじい勢いでその手の〝自分語り〟が飛び交っていることでしょう。

これは、ぼくに言わせればコメントになっていません。

海外旅行から帰国したときに「どうだった?」と聞かれて「楽しかった」と答える。東京スカイツリーを見て「大きかった」と答える。要は感じたまま、見たままを言葉にする子どもと何も変わらないと思うのです。ただ自分の心に反応しているだけです。

この現象、もはや〝自分病〟と言ってもいいのかもしれません。

「自分だけの○○」というカスタマイズが流行《はや》るのも、そんな自分主人公型の社会を象徴している気がします。多様化の究極として、みんなの興味が自分という極小サイズに行き着いてしまったのです。

それにしても、いったいいつから日本人は、こんなに自分のことを言いたい民族になったのだろう……。

「ハーバードの教室は前から席が埋まり、東大の教室は後ろから埋まる」

かつて、こんなたとえ話がありました。悪くいえば消極的、よくいえば謙虚で奥ゆかしい日本人の美徳は、もはや過去のものとなったのでしょうか。

ところが、それがそうでもないのが〝自分病〟が抱える問題です。

あれほどまでに「自分、自分」と自分を押し出すわりには、やっぱりいまも日本の教室は前が空いている。いざフェイス・トゥ・フェイスのコミュニケーションとなると、相変わらず引っ込み思案のままなのです。

自己分析には多くの時間とエネルギー、文字数を割《さ》けても、他者や世の中の出来事については押し黙ったまま。消費税が上がろうが、ミサイルが飛んでこようが、自分に降りかからないかぎりは、考えようとも、感じようとも、発言しようともしない。

せいぜいひと言つぶやいたとしても、「なんとなく、やな感じ」。もしかしたら「ミサイルなう」くらいは飛び交ったのでしょうか。自分語りの雄弁さとのあまりの落差は、ちょっと異様な感じさえします。

コメント力で人生にパラダイムシフトを起こす

自分を語ること自体は、悪いことだと思いません。

でも、これからは「自分以外のことには無関心」で生き延びていけるほど平穏な時代とは思えません。

二〇一二年十二月二十三日、マヤ暦が途絶えて世界が終わる……。

一部ではそんな終末論さえささやかれています。解釈はいろいろあるでしょうが、あれほどの大震災を経験したばかりのぼくたちにしてみれば、いま、激動の時代の入り口に立っているという感覚だけは間違いなく共有できるはずです。

ヨーロッパの通貨危機、アメリカや日本の財政危機、中東やアフリカの政情不安……心配事は山ほどあります。

二〇一二年は、北朝鮮指導者の世襲交代に始まり、ロシア、フランス、そしてアメリカの大統領選挙、さらには中国の国家主席交代も控えています。世界の主要国のトップが一挙に変わるかもしれない、これまでに例のない激変の年でもあるのです。

世界は終わるのではなく、むしろ新しい何かが始まりつつある気がします。政治、経済、社会、イデオロギー……。変化に次ぐ変化が目の前に迫っています。

そんなとき、相も変わらず「オレってこんな人間だからさあ」なんてつぶやいている場合でしょうか。「えらい人たちがなんとかしてくれる」……とは、いっこうに変わらない日本の政治を見ていたら、もはや思えないはずです。

四枚のプレートがひしめきあった日本。この脆《もろ》い土地の上に、よくも五五基もの原発をつくったものだと、ぼくたちは昨年来、痛感させられました。まるで〝ジェンガの上にトランプで塔を立てたかのごとき〟状況を、ようやくにして知ったのです。

自分を守るのは自分しかいない。

そう覚悟して真っ先に磨くべきもの、その一つがコメント力なのです。

激動の波に呑み込まれる前に、いま起きていることを、自分の視点で、自分の言葉で切り取れる人になりましょう。そして、ここで身につけたコメント力を活かして、あなた自身の人生にも大きなパラダイムシフトを起こしていただけたらと願っています。

いいコメントを出すためには、世の中をリサーチする質問術も不可欠です。

そして、いい質問は、それ自体がいいコメントでもあります。

ぜひ、既刊『相手に9割しゃべらせる質問術』とあわせて本書を活用してください。

第1章

［心構え］

コメントは事前に用意するな

暗記した原稿が吹っ飛ぶ、話がスベる、想定外の質問に頭が真っ白……。
そんなリスクを回避するアッと驚く逆発想のノウハウとは？

事前に用意するほど「想定外」のリスクは高まる

大事な会議や飲み会の前日に、「明日は何を話そうか。どんなことを言えばウケるだろう？」などと、自分のコメントを綿密に考えてはいませんか。脚本でも書くように台詞《セリフ》の形にしてノートに書いて練習しないと気がすまない……。なかには、そんな心配性の人もいるかもしれません。

たしかに、多くのビジネス書にはこう記されています。

「コメントは、事前にしっかり用意しましょう」

けれども、ぼくの考えは真逆です。コメントは事前に用意するな。もっといえば、用意することをやめただけで、いまのあなたのままでも、コメント力はアップするとさえ思っているのです。

もちろん、まったく準備がいらないわけではありません。たとえば、自分のプロジェクトが開発した新商品の発表会見などというときには、「この商品のアピールポイントはここ」と自分のなかで確認しておく作業は必要でしょう。

ただし、事前にやっていいのはその程度。「ここで一発、ギャグを入れる」などと、その内容まで練って原稿にまとめ、さらにはそれを暗記するなどもってのほかです。

時間は、絶え間なく移り変わっています。東北を襲った東日本大震災の悲劇を思い出してください。二〇一一年三月十一日十四時四十五分と十四時四十六分は、わずか一分の違いなのに、その一分で世界は激変してしまった……。昨日と同じ明日などないのです。

少し大げさかもしれませんが、変化は日常茶飯事です。昨日のギャグが今日スベる可能性は十分にあります。また、いるはずだった人が一人欠席しただけでも、その場の空気は変わりますし、あなたの順番が来る前に、だれかが同じようなコメントをしてしまうことだってある。思った以上にあがってしまい、暗記した内容がすべて吹っ飛んでしまうなどという事態も大いにありがちです。

結婚式のスピーチで頭が真っ白になって絶句してしまう人、見たことありませんか。いい話をしたい気持ちはわかりますが、前日の夜中に書いた文章を一言一句違《たが》わずに覚えて話そうとするから、一瞬、言葉が詰まっただけで対応できなくなってしまう。

短いコメントなら、なおさらです。スピーチのように言いっぱなしではなく、相手からの予期せぬ質問や反応がありうる双方向の対話なのですから。

つまり、用意すればするほど「想定外」のリスクを背負う確率が高くなるということなのです。

そんなリスクから解き放たれただけでも、あなたは自由。少々言葉をつっかえたり言い間違えたりしても、そのほうが人間的で好感がもてるというものです。立て板に水のごとくペラペラ話す人の言葉より、「よし聞いてやろう」と相手の心を引きつけることができるのです。

リアルな体験を自分の言葉にできる人が光る

「そのコメント、用意してたでしょう?」

そう疑いたくなってしまうコメントの代表が、プロローグにも書いた「感動しました」や「最高!」「いままでいちばん泣けました」など、映画や舞台の感想コメントです。

率直にいって、伝わるものがありません。実際に観て感じたこと、考えたことのリアルな感想ではないからです。その程度のことなら、大半は寝ていたとしても言えてしまえるのではないですか。

「ずっとファンだったんです」

「やっと会えました！」

「神ですよ、神！」

有名ミュージシャンのライブ後のインタビューでも、よくそんな言葉を聞きます。しかしこれらも、ステージを観ていなくても言えること。自宅を出るとき、いや、チケットを買った段階で、すでに「こう言おう」と決めてかかっていたコメントなんじゃないかと鼻白んでしまいます。

「最初にいきなりあの曲をもってくるとは、意外でしたね」

「さすがに衰えは感じたけれど、それが逆にいい味になっていました」

その時間、その場を体験したからこその言葉を言える人のほうが、聞く耳をもとうと思いませんか。

ときには「期待ハズレで、ガッカリでした」と、否定的な感想になってもいいのです。お金を出して行った以上、肯定しなければもったいない、と無意識に自分をだましていることに気づきたいものです。

"出オチ"は自分を退化させてしまう

あらかじめコメントができあがってしまうのは、事前にネットや雑誌、テレビなどの情報を入れすぎているからではないでしょうか。

たとえば、海外旅行へ出かけても、スタンプラリーさながらに「あっ、あった！」と名所旧跡の確認作業に大忙し……という人がいます。

せっかくの生の体験が、ガイドブックで読んだことのたんなる答え合わせになってしまっているのです。だから、口から出るコメントも、「エッフェル塔はやっぱりステキ」「ダイヤモンドヘッドはキレイ」。

しまいには、「ガイドブックに書いてあったとおりだ！」と、わけのわからないところに感動しかねない。

事前にはこう思っていたけれど、実際に体験してみたら、こういうところがやっぱり感動して、だけど事前に想像していたことと、ここはこう違っていた……。

こんなふうに、自分なりのオリジナルな答えを導き出さなければ、コメント力どころか、自分を退化させてしまうだけかもしれません。

むしろ、世界的な観光スポットを前にして、「なんか思ったよりショボイわ」と堂々と関西弁で言い放つオバチャンのほうが、コメント力はよっぽど上のように思います。

情報の仕入れすぎは、感性や価値観といった自分のモノサシをサビつかせてしまいます。そのうち、風景は写真を撮るだけで感動し、映画や小説はタイトルだけで号泣し、ライブはミュージシャンが登場しただけで大興奮……といった具合に、すべてが〝出オチ〟になりはしないかと心配です。

出てきた瞬間にオチがつくので、あとはテキトーに時間をやり過ごし、終わったら「最高です！」と感想を述べるだけ。これでは何を体験しても時間の浪費。いつまでたっても自分のオリジナルな言葉で語れる人にはなれません。

他人の情報を安心材料にしてはいけない

「あれっ、私、なんで急に泣いてるんだろう?」

そう思ったら、じつは「全米が泣いた」の宣伝キャッチコピーに洗脳されたせいだった……なんて、あまりいい気分はしませんよね。

そんなわけで〝出オチ〟防止策の一つとして、ぼくの場合、何かを体験する前には自分なりの情報統制をするようにしています。

テレビを観ていても、翌日行く予定の映画のCMが流れると、あわててチャンネルを変えますし、ネットでうっかりだれかの感想を読んでしまいそうになれば、「おっと、いけない」と即座にページをジャンプする。

情報は、潜在意識に残ってしまうので油断ならないのです。

作家の村上春樹さんは、かつて『1Q84』(新潮社)を出版した際、内容がわかるような告知や宣伝はいっさいしないでほしいとの異例の要望を出版社に出したそうです。

わざわざ情報をシャットアウトする手間が省けて、ぼくのような人間にとっては大助かりでしたが、多くの読者にとっても、先入観なしに自分の感性だけで作品と向き合える刺激的な体験となったのではないでしょうか。

そもそも読書とは、最初からそうあるべきなのかもしれません。先入観に邪魔されず純粋に楽しんでこそ、自分のモノサシが育つのだと思います。

ところが、子どものころから気づかないうちに、いろいろな先入観を刷り込まれているものです。国語のテストにはこんな出題がよくありました。

「例文を読んで、次の三つのなかから正しい感想を選びなさい」

感想とは、差し出された選択肢から選ぶものなのでしょうか。感想に「正しい」や「間違い」があっていいのでしょうか。

自分の感想は自分で決めるわ！——思わずツッコミを入れたくもなります。

幼いころからこうした環境で育ったことが、日本人をコメントベタにしてしまったのかもしれません。事前に情報を集めて答えを見つけ、その体験や経験をするもしないも関係なしに、その答えを自分の感想にするのは、選択肢のなかから、この感想がいい感じだろう、とセレクトしていることとあまり変わらない気がします。

「行ってみてつまらなかったら、損だから」

そんな理由で、「評論家の○○さんのお墨つき」「ネットの口コミで星四つ」などの事前情報と手が切れないのではないですか。

他人の情報を安心材料にしているようでは、いつまでたっても自分のモノサシが未熟なままなのは当然。何を見ても読んでも、どこかで聞いたような台詞しか言えないようでは、人間としての評価が下がって、それこそ大損というものです。

たとえば今度ＤＶＤをレンタルするとき、書店へ出かけたとき、思いきっていったんすべての情報をリセットしてみてください。そして、フラットな自分のままで棚を見渡して、「これだ！」と思う一本、一冊を選んでみるのです。

結果、「やっぱりつまらなかった」でもいいと思うのです。「自分のなかからどんなコメントが出てくるのか楽しんでやる」くらいの気持ちで、ぜひ試してみてください。

ドキュメンタリーの登場人物になる覚悟

さて、自分のモノサシさえ磨いておけば、いよいよ実際に人前でコメントする立場になっても、そうあわてる必要はありません。自分が考えたこと、感じたことを素直に言えばいいのですから。

しかし、そうはいっても、初心者のうちはそれがなかなか難しい。不安なあまり、たとえば自己紹介程度のコメントでも、「ええ、みなさん、はじめまして」のところから原稿をつくってしまいたくなる人もいるでしょう。

じつは、それこそが落とし穴なのです。この章の冒頭にも書いたとおり、用意した瞬間に「想定外」というリスクを負うことになるからです。

『相手に9割しゃべらせる質問術』でも、「こう聞けば、ああ答える。そうしたらオレはこう聞いて……」などという想定問答集はいっさい用意しないようにと提案しました。

ときどきいるんです。質問しておいて、相手が答えたら「いや、そうじゃなくて」と否定する人。たぶん、自分で考えていたストーリーと違っていたのでパニックになったのでしょうが、否定された側にとっては、いい迷惑です。「否定するなら、最初から聞くな！」と怒って席を蹴られても仕方がないような失態です。

コメントも同じです。あらかじめ一言一句決めてしまうと、途中で状況が変わっても対応できません。臨機応変力が奪われるのです。

出だしからヤジられてもドン引きされても、もはや打つ手なし。事前に決めたストーリーとはズレた微妙な空気のまま、最後までコメントを読み上げるという、血も凍るような状況に陥ってしまうのです。

質問もコメントも、何が起こるかわからないドキュメンタリーなのです。

そして、あなた自身も、そのドキュメンタリーの登場人物の一人。どんな言葉を口に出すかは、その場の状況しだいです。あらかじめ決めたストーリーは勝手なフィクションで役に立たないと、覚悟を決めなければなりません。

コンセプトさえ決めておけばスラスラ言える

では、事前に用意もせずに、いったいどうしたらいいコメントが言えるというのでしょうか。

最大のコツは、コメントのコンセプトだけを決めておくことです。

古くは小泉純一郎元総理の「郵政改革」、最近なら橋下徹大阪市長の「大阪都構想」がいい例でしょうか。一つの大きなコンセプトさえ決めて、それを確固たる背骨に据えてさえおけば、あとの発言は自然に出てくると言ってもいい。どんな角度から突っ込まれても、つねにブレずに即答することができるのです。

もっとわかりやすい例では、ものまねタレントさんの芸のようなものと言ってもいいかもしれません。

彼らは「○○さんになりきる」というコンセプトを決めるだけで、いかにもその人が言いそうな台詞がどんどん口をつく。もちろん、その人の口癖や有名な発言は身についているわけですが、それも含めて、ものまねする対象のコンセプトさえ盤石なら、どんなシチュエーションを設定されても、その人になりきったましゃべりつづけられるのです。

このノウハウを使えば、コメントするのがラクになると思いませんか。

もちろん、特定の人物になりきるということではありません。あなたの思考回路をコンセプトと同期させるのです。

たとえば、ヒット商品の開発にかかわったあなたに、雑誌のインタビュー依頼があったとします。何を質問されるのか、胸はバクバクです。

そこで、あなたはその日のコンセプトを決めました。「シンプル」です。決めたら、あとはもう「あれを聞かれたら、どう答えよう」「答えに詰まったら、どうしよう」などと細かいことを考えるのはやめにしました。すると、本番のインタビューでは、じつにスラスラと言葉が出てきたのです。たとえば、こんな調子です。

「開発のきっかけは？」→「いまあるものを、いかにシンプルに使いやすくするかを考えたところからスタートしました」

「開発のご苦労は？」──→「性能を落とさず、どこまでシンプルな構造をつくれるかです」

「成功の要因は？」──→「それは単純です。たった一日も研究を休まなかったことです」

どんな質問に対しても、決めていたコンセプトの「シンプル」に引き寄せて考えただけ。これをするだけで、思いのほか言いたいことが相手にストレートに伝わり、全体としても一本筋の通ったコメントになると思います。

自分の発言をデザインするつもりになってみる

まずは大きなコンセプトありき。ところが、多くの人はベクトルが逆なのです。「ここでこう言う、次はこれ」と細部から入ってしまう。これが失敗の原因です。

何かをデザインするときのことを考えてみてください。

たとえばバッグをデザインしようと思ったら、いきなり「取っ手はこんな形で、底の部分が緑色で……」などと細部の形や色を考えたりはしないはずです。「カジュアルなのか、フォーマルなのか?」「そのバッグを使う年齢層は?」と、まずはコンセプトから入っていくはずです。そうしないと、細部のデザインなど決められません。

逆にコンセプトが決まれば、細部は自動的に決まっていくと言ってもいい。コメントもこれと同じなのです。

以前、自分が履《は》くオリジナルのランニングシューズをオーダーしたことがあります。嬉しくて完成品の写真をブログにアップしたところ、たくさんの方から「カッコいい靴ですね」とほめていただきました。

じつはぼくは、ファッションからベビーカー、企業ロゴやマンションまで、デザインの仕事も手がけているのです。

先ほどのオリジナルシューズについていえば、最初にやったのは、やはりまずコンセプトを考えることでした。決めたのは「勝手に日本代表」。新しいランニングシューズをつくろうと思ったのは、ハワイでマラソン大会に出場するためだったからです。アマチュアながら、いちおうは国際大会出場。だから「勝手に日本代表」というわけです。

このコンセプトができたら、あとはほんとうに簡単でした。「日本代表だから、やっぱり日の丸の赤と白でしょ。そこに自分のラッキーナンバーを加えて……」という具合に、たいして迷うことなく、自然に細部のデザインができてしまったのです。その間、ものの三分程度。

コンセプトさえ考えられれば、完成度は別としても、デザインはだれにでもできることなのです。

同様に、コメントもだれにでもできること。自分の発言を自分でデザインするつもりになれば、緊張も楽しみに変えられるかもしれません。

用意している時間がもったいない

ぼく自身、取材を受けるときはいつもこの方式です。

たとえば、「マラソンをテーマにお話を聞かせてください」と依頼があったとします。でも、それだけでは漠然としていて、何をどう話したらいいかわかりません。

同じマラソンでも、コンセプトを「家族」や「趣味」とするか、「健康」や「ダイエット」にするのかで、話の内容やエピソードは変わってきます。先ほどの話のように「靴」を切り口にすることも可能です。

そこで、質問者が求めるものは何かを考えて、コンセプトを絞り込むのです。

「今回はビジネスマンが読者の週刊誌か。よし、それなら『健康』でいこう」

こういった具合です。それだけ決めたら、あとは何も用意しません。それでも話題に困ったことはほとんどないのです。

この方法を使うようになったのには理由があります。

『相手に9割～』を読んでくださった方はすでにご存じだと思いますが、ぼくは〝時間貧乏性〟を自認しています。

同じ一時間を二時間ぶんにも三時間ぶんにも使わなければ「もったいない」と思う。だから、ダブルブッキング、トリプルブッキングは当たり前。並行していくつもの仕事をこなしている日常です。

「おちまさとは何人組ですか？」と真顔で言われたことがあるくらいなのですが、それでも毎朝のランニングは欠かしませんし、睡眠時間も家族とゆっくり過ごす時間もちゃんとある。

「どうしたら、そんなことができるんですか？」

そう聞かれたら、答えはやっぱり「用意しないから」なのです。

取材に応じるだけではありません。自分が目いっぱい話さなければならない講演会や会議、質問と答えが飛び交う対談。ぼくの仕事にはコメントがつきものです。

そのたびにこと細かく言い方まで考えていたら、一時間は一時間ぶんにしか使えない。そんなの、もったいないじゃないですか。

だから、時間軸を飛び越える方法が必要でした。つまり、ふつうなら一〇割使う力を一割しか使わず、それでいて効果を生む。それが「用意しない」ことだったのです。

この省エネ精神で、二十四時間が何倍にも広がります。用意しないだけで、だれでもマルチタスクな働き方ができるようになるのです。

「いま思いついたんですけど」の枕詞でハードルを下げる

「それでも、ぶっつけ本番じゃ、やっぱり不安で」

そういうあがり症のあなたにおすすめなのが、その緊張や不安をそのままコメントにしてしまうことです。

「わからないですが……」

「たいした話ではないのですが……」

そんな枕詞《まくらことば》で、ハードルを下げておく。要するに、失敗しても最小限の傷ですむように、保険をかけてからしゃべる技術です。

常識ある社会人なら、謙虚にへりくだる人間に対して、「じゃあ、しゃべるなよ」などと意地の悪いツッコミを入れたりはしないはず。「いいよ、いいよ。言ってみて」と、逆に温かい目で見守ってくれるのではないでしょうか。

同じような理由で、「いま思いついたんですけど……」も使えます。

用意しないでコメントを言おうというのですから、ほんとうに「いま思いついた」のです。昨日の晩から練りに練ったコメントではないのですから、完成度が低くて当たり前。そのことを正直にさらしてしまえば、相手の点数もちょっと甘くなり、あなたの緊張もほぐれるのではないでしょうか。

"自分グーグル"をつくっておく

検索エンジンにコンセプトを入力してクリックすれば、自動的にいい言葉がズラリと並ぶ。あとはただ、そこから適当なアイテムをピックアップしてしゃべるだけ――。

これが、ぼくが理想としているコメント術なのです。〝自分グーグル〟でも〝自分ヤフー〟でもなんでもいい。要するに、自分のなかにポータルサイトを構築するようなイメージで、いつ何を聞かれても即座にコメントできるだけの材料を貯えておくのです。用意せずにいいコメントができるかどうかは、この自分ポータルサイトの充実度にかかっています。どんなキーワードを入力しても必ず何かの言葉にヒットするように、自分ポータルサイトを日々育てておきましょう。

そのためには、ふだんから意識して自分ポータルサイトの情報量を増やしていくことが大切です。情報といっても、本を読んで知識を得ることだけではありません。自分の体験や考えたこと、五感で感じたこと、すべてが情報と言っていい。

その意味では、「自分のポータルサイトは空っぽです」なんて人は、一人もいないはずです。情報量が少ない人は、ただ記憶していないだけなのかもしれません。

そこで、日常生活のなかで「これは覚えておこう」という瞬間にぶち当たったら、〝覚えておこうスイッチ〟を押す習慣を身につけましょう。

幸いぼくの場合は、この〝覚えておこうスイッチ〟が子どものころから活発に作動していたようです。

たとえば、サイダーの瓶を割ってケガをしてしまい、母親におんぶされて病院へ運ばれた日のこと。なぜか母親に、はじめての洋画として、『ソイレント・グリーン』という、同級生が見向きもしないようなB級近未来映画に連れていかれたこと……。

なんの役にも立たないような記憶ばかりですが、なぜか当時、「ああ、この感じ、覚えておかなきゃ」と強く思ったことを記憶しています。『ソイレント・グリーン』など、いまでもあらすじが言えるくらい。

それでも、いつ検索ワードに引っかかってくるかわかりません。何かの拍子に、ほかの記憶と結びついて、だれも言えないようなユニークなコメントに変わる可能性があるのです。

すべてを記憶しておくのはムリなこと。ただ、いつでも〝覚えておこうスイッチ〟が押せるように、自分のなかの電源だけは常時入れておいてほしいのです。

第2章

［感想力］

見たり聞いたりしたらアウトプットする

「いいね！」ボタンを押すだけじゃ、あなたの思いは伝わらない。
気持ちを言葉にする「感想力」トレーニングでコメント脳をつくりましょう。

感想力を鍛えて「コメント脳」をつくる

うまいコメントを言うための基本は「用意しない」ことでした。

けれども、ただ用意しないだけでは〝並〟レベル。さらに「あの人の話はおもしろい」と言ってもらえるレベルに進化するためには、やはり日々のトレーニングは欠かせません。

その簡単な方法が、この章で紹介する感想力を身につけることなのです。

ぼくたちの日常生活では、さまざまなシーンで感想を求められることがあります。インターネットの世界なら「いいね！」ボタンのワンクリックですませることもできますが、フェイス・トゥ・フェイスの場では自分の言葉で何かひと言しゃべらなければなりません。

「あの映画、行ってきたよ」と言えば、「おもしろかった？」。

デートで彼女と会えば、「この髪型、どう？」。

食事に行けば、シェフから「お味はいかがでしたか？」。

朝の散歩中に、ご近所さんから「今日はいいお天気ですねぇ」と挨拶《あいさつ》されるのだって、大きな意味では感想を求められているのです。

そんなとき、「はあ」「まあまあかな」「べつに……」「いいんじゃないの」程度の感想しか言っていないとしたら、ビジネスをはじめ公《おおやけ》の場面でのコメント力もタカが知れていると言わざるをえない。

どんな些細《ささい》な出来事にも、まずは「ちゃんと感想を言ってやるぞ」と意識して向かうこと。その積み重ねが「コメント脳」をつくるのです。

とにかく感想を述べるチャンスは逃さない

「習うより、慣れろ」とはよく言ったものです。感想力トレーニングの基本は、まさにこの格言どおり、場数を踏むことに及ぶものはありません。

舞台や講演会などに行ったら、自分なりの感想を考える。

奥さんや恋人の手料理には、必ず「うまい」以外のひと言をつけ足す。

大切なのは、面倒くさがったり逃げたりせずに、とにかく感想を口にすること。野球でいえば、何はともあれ打席に立つことです。ときにはピントはずれの感想を言ってしまって恥をかくこともあるでしょうが、それはそれ。最初から一〇割打とうなんてムリな話なのですから。

そもそも失敗を恐れるのは、打席に立つ回数が少ないからです。

「来週の会議では、うまいこと言ってやろう」と〝ここ一番〟しかねらおうとしないから、失敗がダメージになるのです。一打数一安打の一〇割バッターより、三割バッターでいいから、できるかぎり多く打席に立った人のほうが成功のはずです。積み上げた経験こそが、いざというときに役立つものなのです。

映画監督になりたかったぼくは、中学生のとき、一年で一〇〇本、映画を観ると決心して、一日に三本、映画館を走ってはしごするようなこともしていました。お金がないので、映画の日など安い一日に勝負をかけたのです。

そして、必ず生徒手帳に感想を書くようにした。あそこに伏線があったから、あのシーンはよかった、とか、駄作だったら、どのようにつまらなかったのか、とか。淀川長治さんのように、一つでもいいところを見つけ出して、なるべくポジティブに、何より具体的に。だれに見せるわけでもありませんが、とにかく場数を踏んだのです。

あえて大嫌いな人を肯定してみる

世の中を見渡すと、「他人の悪口を言わせたら口達者」な人が増えているような気がします。

そんな人がいいコメンテーターになれるのかといえば、もちろん違います。

そもそも、嫌いな人を「嫌い」と言うだけなのですから、そこにはなんの芸もありません。しかも、他人の悪口は小学生並みのボキャブラリーで事足りてしまうことが多いもの。いくら口を極めたところで、いっこうに感想力はつきません。

それならば、あえて嫌いなものを肯定してみるのはどうでしょう。大嫌いな上司、大嫌いなタレント、大嫌いな食べ物……感情を押し殺して迎合したり、媚《こ》びを売るのではありません。冷静な目で、その対象の肯定的側面を洗い出してみるのです。

これはある意味で、ディベートの練習と言ってもいいでしょう。

ただし、肯定することが目的になってはいけません。本来もっているネガティブな評価を無理やりひっくりかえして、なんでもかんでも、ふだんとは違うコメントを言えばいいというものではないのです。

「話してみたら、思っていたよりいい人だった」はなから肯定することを決めていたかのようなウソくさいコメントは、これまた冷静な判断に欠けると言わざるをえないでしょう。

あくまでも思考の訓練として、あえて肯定側に立つ試みを意識的にしてみることで、いつもと違う視点でものを考える力がつきます。また、視点を変えることで、自分のオリジナルの考えだと思っていたものが、じつはだれかの受け売りや先入観だった……と気づかされる場合もあります。

いずれにしても、思考が柔軟になることは間違いありません。

本や映画のストーリーを要約してみる

たとえ〝ニーチェの言葉〟並みの「うまいこと」を言ったとしても、その感想がまったくの的はずれでは、格好をつけたぶん、かえって恥ずかしい思いをしてしまいます。

いい感想を言うためには、大前提として、その対象の内容を理解する把握《はあく》力がなくてはなりません。

把握力を鍛えるのに最適なトレーニングが「要約」です。

たとえば、先週のドラマのストーリーを友人に話して聞かせるとき。欠席した同僚に会議の内容を教えてあげるとき。あなたは、上手に要約できていますか。

「だから、○○さんが書類を忘れて、そこで部長が怒っちゃって。それから……」

どうでもいいことまで説明しようとして話がこんがらがり、いっこうに要領を得ないまま、「で、結局、何が決まったわけ？」と相手をイラつかせたりしたことはないでしょうか。

そんな要約ベタでは、ポイントを衝いた、いい感想は言えません。

本や映画の感想を考える前に、まずはそのストーリーを要約してみましょう。

ニュースの感想を考える前に、まずは事件のあらましを要約してみましょう。

要約とは、把握した内容を上手にかいつまんで手短に伝えること。長々としゃべるのは要約とは言いません。上・中・下巻にわたるような長大なストーリーであっても、一分以内で自分の言葉にしてみてください。

余談ですが、言わずと知れた映画『タイタニック』。若い二人の燃え上がる恋愛物語というのが、一般的な印象なのでしょうが、よくよく考えればあの話、おばあさんになったローズの懐古談というかたちで進行します。しかも三時間にわたって。

「ローズおばあさんの壮大なのろけ話」

さすがにこのタイトルではヒットしなかったと思いますが、見方を変えれば、これだって要約といえなくもありません。

さて、さらなる要約力アップのために、自宅から最寄り駅までの道順を言葉にしてみる練習はどうでしょう。電話で相手に、目的地までナビしなければならない場面は、ビジネスであれプライベートであれ、少なからずありますよね。これは一種の要約なのです。

だれが聞いてもわかりやすく的確なルート説明ができたら、それは把握力、要約力とともに、かなり成果が上がっている証拠だと思います。

自分の〝今日〟にタイトルをつけてみる

テレビ番組をプロデュースするとき、とくに気を配るのがタイトルです。

ぼくが考えるいいタイトルとは、聞いただけで、その番組の中身がわかるもの。過去に手がけた作品を挙げれば、『百萬男』は、道行く男性にいきなり一〇〇〇万円を渡して五時間で使い切らせるのがコンセプトでしたし、『仕立屋工場』も、もうそれ以外に言いようがないくらい〝読んで字のごとし〟なタイトルでした。

最近では、いまや四〇〇〇万人もの人がもっているTカードと連動した、実生活でも特典が得られる街づくりSNS（ソーシャル・ネットワーキング・サービス）ゲームをプロデュースしたのですが、その名前は文字どおり『Tの世界』。

もちろん、タイトルと呼ばれるものが、すべてストレートに内容を言い表すものでなければならないわけではありません。それでも、一般的には「タイトル＝究極の要約」と言ってもいいと思います。

そんなわけで、何かにタイトルをつけてみるのも、要約力のトレーニングとしてはかなり効果がありそうです。

おすすめなのは、自分の〝今日〟にタイトルをつけてみることです。

単純に今日あった出来事をトピックス的にタイトルにしてもいいでしょうし、その日見たり聞いたりしたなかでいちばん印象に残った言葉を、そのままタイトルにしてもいい。

喜怒哀楽が一気にまとめてやってきたような一日は「ジェットコースター状態」。

逆に語るべきことが何もない一日は「心の閑古鳥《かんこどり》」。

歴史小説にハマった一日は「十八世紀にタイムスリップ」。

これは自分だけの練習ですから、多少くさい表現を使ってもいいのです。

ちなみに、二〇一二年の節分の日のぼくのタイトルは、ちょっとロマンチックに「紅い朝陽とおにはそと」。政治の体たらくに憤慨《ふんがい》したある日は「政治家は揚げ足とらずに、舵《かじ》をとれ」。なぜか五・七・五の俳句調が多い。

こうして自分の二十四時間にタイトルをつけてみると、特徴のない日など一日もないことがわかります。タイトルをつけるだけで、なんだか人生が楽しくなるのです。

ブログを書いている人は、そのタイトルが〝あなたの今日〟の要約にもなるでしょう。

ツイッターなら、そのコメントがそのまんま〝あなたの一時間〟のタイトルです。

「ランチなう」

いまなら、こんな感じで満足したくなりがちですが、もうひと声、自分らしいタイトルをつけてみたいところです。

人物にキャッチフレーズをつけてみる

人のニックネームをつけさせたら天下一品。そんな人がクラスに一人や二人いたのではないでしょうか。たったひと言でその人物の特徴を言い表してしまう。あだ名は、まさに人物のタイトル＝キャッチフレーズといえます。

本質を見極める観察力、言葉選びのセンス、たとえる力（第5章でくわしく説明します）。だれもが「うまい！」と納得する名キャッチフレーズをつけるためには、これらの能力が必要となります。要約の練習にはもってこいなのです。

そこで、有名人や身近な人のキャッチフレーズを考えてみましょう。

たとえば、オリンピック四大会連続出場を決めた競泳の北島康介選手。あなたなら、彼にどんなキャッチフレーズをつけますか。

一時は結果が出ず不調に苦しんだ北島選手。しかしその苦しみも、おそらく彼にとっては想定内。大切なのは、オリンピックという大勝負の場に照準を合わせて、そこで最高のパフォーマンスを出しきれるかどうかです。

そのために、彼のような選手は、四年間かけて自分のピークがピタッと〝その日〟に来るように自分の肉体を調整していくのだと思います。途中の苦しみは、最高の結果を出すためのプロセスにすぎません。

しかし、ひと口に調整といっても、ふつうの人間には計り知れないほど厳しいもの。ぼく自身、マラソンでレースに参加するようになって実感したのは、記録もさることながら、風邪もひかずケガもせず、絶好のコンディションでスタートラインに立つことの難しさでした。あらためてアスリートたちのすごさを思い知らされます。

さて、そんな北島選手につけるキャッチフレーズ。ぼくが考えたのはこれです。

「『持ってくる』男」

プロ野球の斎藤佑樹投手が「『持ってる』男」と騒がれたのは有名ですが、北島選手には、肝心な日、肝心な瞬間に自分の最高の状態をみずから引き寄せる、文字どおりピークを「持ってくる」超人的な能力を感じます。

ところで、キャッチフレーズとは本来、人ではなく自分自身や自社を紹介するためにつけるものです。名刺を見ると、刻印されていることがありますね。

「時代の最先端を行く会社」

まるで「みんなの人気者」と初登場でいきなり自己紹介する『それいけ！アンパンマン』のカレーパンマンみたいで、じつに厳しいフレーズ。カレーパンの人気を自分の人気と錯覚しているかのように、会社名に溺《おぼ》れて名刺負けしないように心がけたいものです。

相手の話は一行に要約して投げ返す

要約に慣れてきたら、今度はコミュニケーションの現場でも実践してみましょう。

だれかと会話するとき、相手の話を聞いて「いまのお話は、○○ということですね」と内容を要約して、相づち代わりに返してあげるのです。

これは質問術にも通じる大事な技。その要約が的確であればあるほど、相手は「自分の話を理解してくれた」と感じて、会話のテンションも上がるはずです。

要約するときは、短く一行程度にまとめるのがコツですが、そのとき問われるのがセンスです。ただたんに「ちょっと中抜きして短くしてみました」では、話が〝薄まった感〟がしてしまいます。

そこで、「いまのお話は、○○ということ。つまり、部長流のツンデレ方式ですね」などと、相手の話にプラスアルファの新解釈をつけてあげてはどうでしょう。

「まあ、そういうことだな。そうそう、それで思い出したんだけど……」

こういう展開になると、要約しただけなのに、思いがけない次の回答を引き出せる質問としても機能することになります。

このプラスアルファの部分で何を言ったらいいのかは、なかなか難しいかもしれませんが、第5章で「たとえる」技術を考えてみますので、それも参考にしてみてください。

「もし○○が、○○だったら？」と仮定してみる

自分のなかから感想を捻《ひね》り出すいい方法は、ほかにもあります。

それは、疑問をもつことです。目の前で起きていることをただボンヤリと受け流したり、情報を鵜呑《うの》みにしたりせず、まずは疑ってみる。

「なぜだろう？」

「これ、ほんとうなの？」

「なんかおかしくない？」

そんな〝ひっかかり〟が、自分の頭で考えるきっかけになるからです。

質問術も同じでした。わからないことを「ま、いいか」と流していたら、核心を衝く問いは生まれない。その「ま、いいか」のなかに、じつは質問やコメントを生み出すヒントが隠されているのです。

では、どうしたら疑問を発見できる〝疑問体質〟になれるのでしょうか。

簡単な方法は、日常のさまざまな場面を「もし」の仮定形で切ってみることです。

いい例が、あの『もしドラ』です。『もし高校野球の女子マネージャーがドラッカーの「マネジメント」を読んだら』（ダイヤモンド社）。ベストセラーとなったビジネス書で、映画にもなった作品ですから、それほど説明はいらないと思います。

高校野球の女子マネージャーが、ドラッカーの組織管理理論を読んで次々と部員の意識改革を実行し、ついには弱小野球部を甲子園をめざすまでに成長させてしまうというストーリー。いまどきの女子高生と世界的な経営学者は、本来ならば水と油。しかし、「もし」の仮定で両者をつなげたとたん、そこに新しいドラマが生まれたのです。

そういえば、同じくベストセラーになった『世界がもし100人の村だったら』（マガジンハウス）も、「もし」の力で、それまでとは異なる価値観に気づかせてくれた本でした。

「もし」は、感性と思考を揺さぶる魔法の言葉なのです。

「もし○○が、○○だったら？」

そんな視点で世の中を見まわしてみてください。べつに天下国家に疑問を投げかける必要はありません。身近なネタでいいのです。

たとえば、ちょっと古いですけれど、「もし荒川のアラちゃんが、ワニだったら」なんてどうでしょう。

アラちゃんは、ご存じのとおり話題になったアザラシです。でも、そのアラちゃんがワニだったら、はたしてあれほどの人気者になれたでしょうか。

「そんなくだらない話、どうでもいいよ！」

侮《あなど》ってはいけません。多くの人が「どうでもいい」と思うところに着目してこそ、オリジナルな感想が出てくるものなのです。

「ワニだったら、きっと名前なんかつけてもらえなくて、殺されちゃうんだろうな」

「だね。なぜアザラシならよくて、ワニじゃダメなんだろう？」

「アザラシは第一に見た目がかわいい。第二に陸に上がってこない。第三に人間に危害を加えない。つまり、川という向こう側にいるそのヴァーチャル感、そして人間のパーソナルスペースを侵《おか》さない安心感。以上がアザラシのよさだと思う」

だれかとそんなふうに感想を語り合えたら、楽しいと思いませんか。

あなたのまわりに「もし」を探してみてください。いい感想が言えるようになるだけではなく、そこからかぎりなくストーリーが膨らんで、小説の一本も書けてしまうかもしれません。

体験すれば、いやでも感想を言いたくなる

「何かあったら感想を言ってやる！」

そう意気込んではみたものの、日々、自宅と会社の往復……。そんな生活を送っていては、なかなか目新しい感想も浮かびません。

フットワークを軽くして、自分の行動範囲を広げることも大切です。

若い人たちの海外旅行離れが進んでいるとよく言われますが、お金と時間に余裕があるなら、外の世界も見てほしい。たとえばアメリカのグランドキャニオンにしても、ただ写真で見て知っているのと、実際に現場へ行って自分の目で見るのとでは、ぜんぜん感じるものが違うのです。

写真では決して感じることのできない音がある、匂いがある、風や陽射しの感触があ

る……。

感動の度合いがまったく違うのです。そして感動すれば、そのすばらしさを口にしたくなる。つまり、いやでも感想を言いたくなるのです。人に進んで聞かせたくなるものです。

感動体験を積めば積むほど、感想力は身につくのだと思います。

世界を舞台に活躍するアスリートは、みんなコメントが上手です。

たとえば、イチロー選手。

「自信がなければこの場にいません。プレッシャーがかかる選手であることが誇りです」

石川遼選手はこう言いました。

「どんな強いプレーヤーに囲まれても、全員にチャンスがある」

ふつうのプレス会見でも、さらっと「いいこと」を口にします。

そんなすばらしいコメントの土台には、やはり、ふだんからの体験の積み重ねで、自然に感想力が磨かれていることが大きいと思うのです。

たとえ言葉のスキルを意識的に磨いていないにしても、彼らは体験スキルがものすごく高い。

北島康介選手の「ちょー、気持ちいい」。単純な言葉ではありますが、それをあの場面で言えてしまえるのですから、生の体験がその人に与える力は計り知れないのです。

第3章

[即レス]

〇・一秒でとにかく口に出す

どんないいコメントも三日後に聞かされたのでは、リアリティがありません。答えは「持ち帰らず」「その場」で即答してこそパワーとなります。

答えは持ち帰るほど損をする

よく「あの人のコメントにはキレがある」という言葉が使われます。コメントの「キレ」とは何かと想像してみると、ズバリと本質を衝く内容で説得力があるのはもちろんのこと、不可欠なのは、打てば響くようなレスポンスの速さ、つまりスピードだと思います。

どんなに気の利いたコメントも、「この前の話なんだけどさあ」と三日後に言われたところで、「それ、何だっけ?」と感動はゼロでしょう。お笑い芸人さんのツッコミも、すばやいからこそおもしろいのです。

どんな球が来てもキャッチして、すばやく投げ返す。「ああ言えば、こう言う」型の反射神経を身につけたいものです。

たとえば、人からお悩み相談をされることがあると思います。

相手が親しい友人なら親身になって話を聞いてあげたいですし、自分にわかることがあればアドバイスをしてあげたい。ところが、実際に聞いてみたら「えっ、そんなことでよく悩めるね」程度の悩みだったりすることがなくもありません。かといって、本人は真剣ですから「バカバカしい」と笑い飛ばすこともできない。

そんなときこそ、即答してみるのです。

「それ、ネットで調べれば出てるから」

「告白するしかないんじゃない」

すばやくバッサリ、ひと言で答えてしまう。

決していっしょになって悩むポーズをつくってみたり、「う～ん、それは難しい問題だなあ……」「一概には言えないけど……」などと"ため"をつくってはいけません。

○・一秒、なんなら相手の語尾に食いぎみくらいの勢いで返したほうがいいのです。

あっさり答えられると、相手は「あれ？」と一瞬、拍子抜けします。「自分がこれほど悩んでいるのに、ひと言で片づけるなんて」とムッとする人もいるかもしれません。

でも、なんとなく気づくはずです。そうか、自分の悩みなどその程度のものだったのか、と。「なんかバカバカしくなっちゃった。もういいや」と思ってもらえれば、悩みは解決したも同然。えてして、相手は話を聞いてもらいたいだけのことが多いのですから、あなたの役目は十分に果たせたはずです。

コメント自体はありきたりでも、そこにスピードが加わることで、コメントは「コメント力」に進化します。

この方法は、ほかにもいろいろな場面で使えます。

たとえば、気弱な部下のプレゼンに「いいね！」と即答するだけで、そのほめ言葉に真実味が出て、自信をつけてもらえる。意味のない質問で打ち合わせを長引かせる上司には即答して、その質問の重要度の低さを気づかせる。即答一つで、その場の状況を打破することができるものです。

よく会議の席で「一度持ち帰って考えさせてください」と言う人がいますが、もったいないと思います。一週間後に出せる答えを、いまこの場で出せば、少々完成度は低くても「よくこんな短時間で、そんなこと思いつけるね」と、むしろ尊敬されるかもしれないのです。これが即答の力です。

持ち帰り組は、〝ため〟たぶんだけ周囲の期待値が上がって、ハードルが高くなる。せっかく練りに練っても、「一週間考えたんだから当然」「時間をかけたわりに、この程度か」とガッカリされかねないのですから、みずから損をしているのです。

自分を再確認するための「自分スクリーニング」

ぼく自身、質問されたら、可能であるなら〇・一秒で答えを出したいと思っています。

なぜ、そんなにすばやく答えなければならないのか。

「自分スクリーニング」をしたいからです。

「スクリーニング」とは、簡単にいえば「ふるいかけ」のようなもの。自分自身にあれこれと考えるスキを与えず、〇・一秒で答えることで、「いま自分の根幹にあるものは何か、自分の考えや本音は何か」が、ふるいにかけられて見えてくる気がするのです。

自分の口から、自分でも思いがけなかった言葉がポンと飛び出して、「あっ、オレってそこを大切に思っていたんだな」とか、「やっぱり、そこへ戻るのか」などと再確認できることもある。

ですから、取材や講演、トークショーの依頼をいただくのは、ぼくにとってはありがたいチャンスと考えています。そのたびに自分スクリーニングを作動させて、ブレない自分の幹を育てていくことができるからです。

スクリーニング機能は、○・一秒だからこそ作動します。時間をかければかけるほど、ふるいの網目が細かくなって、外からの情報や知識、「こう答えたらウケるかな」といった余計な気持ちまで残される。そうなると、出てくるコメントにも、自分の本質以外の要素や下心が入り込んでしまうものです。

「このところ自分の考えがまとまらず、なんだかスッキリしない」

「いいアイディアが思いつかない」

そんなときこそ、この自分スクリーニングを試してみてください。

そのためには、机上で一人あれこれと悩むのではなく、人と会ってみること。そして、いつもよりスピードアップして、会話のキャッチボールをしてみるのです。自分の奥底から思わぬ宝物を探し出せるかもしれません。

接続詞をやめてショートカットする

キレのいいコメントの生命線は、スピードだけではありません。何度もくりかえしますが、「短い」のがベストなのです。

「あれも大事」「これも言っておかなきゃ」とばかりに話がダラダラ長い人は、本人はコメント上手と思っているのかもしれませんが、ただたんに、しゃべるのが得意、あるいは好きというだけのこと。

「その話、まだ続くの?」「あの人としゃべると、こちらが話すスキがない」と、相手をウンザリさせているのだとしたら、コミュニケーション能力は低いと言わざるをえないのです。

やはり、相手に九割しゃべらせなければ。こちらは一割でいいのです。少ししかしゃべってもいないのに、「もっと聞きたい」と期待感を膨らませたほうが断然、得ではないですか。

コメントを短くする簡単なコツは、「だから」「しかし」「さらに」「つまり」「ところで」などの接続詞を極力使わないと決めることです。

たとえば、「大切なのは感覚的にわかっていることを言葉にすること、つまり言語化だよ」と言いたいなら、「つまり」の接続詞を使わずに、「大切なのは言語化だよ」と言えば、話の骨子は十分に伝わります。

「それってどういうことですか？」と質問されてはじめて、細かな説明を加えればいいのです。一度のコメントであれもこれもと思うから、相手を飽き飽きさせてしまう、ただ長いだけのキレの悪い台詞になってしまうのです。

接続詞を使わずに、言いたいことをどうショートカットして表現するか。それを考えるクセをつけると、会話のキャッチボールも弾むようになるはずです。

思いつきを正論にするテクニック

とりあえず結論を先に言ってしまいましょう。

「ご相談なんですが、じつは本件にはA案とB案がありまして、A案はこれこれこんなイメージ。B案のポイントはこうで……」

「Aですね！」

「早っ！」

極論すれば、こんな感じ。根拠はなくても、直感を頼りに、まずは思いつきで答えてしまう。なぜA案なのか、その理由はあとで考えます。

「そんないいかげんなことでいいんですか？」

いいんです。そもそも即答できないのは、なぜでしょうか。〝正解〟を出そうとするからです。

「間違っていたらカッコ悪い」

「どちらを選んだら、みんなの期待に応えられるのだろう」

余計な邪心や功名心が働いてしまうからです。ああでもない、こうでもないと考えるうちに、あっという間に数十秒は経過してしまいます。

妙な計算が働く前に、とりあえず結論を出して、自分を追い込んでしまいましょう。いったん追い込んでしまえば、あとは火事場のバカ力。会話しつつ相手の言葉のなかからヒントを探し、そこから自分なりの理由を捻り出していくのです。

あなた「やはりA案のほうが、男女両方の購買層が見込めますからね」

相手「そうですね。どちらかといえば、女性のほうが多いかもしれませんが」
あなた「そうそう。女性ですよ、女性。御社の場合、あくまでも女性にアピールする商品づくりがウリなわけですから」
相手「はい。創業以来のうちの伝統ですからね」
あなた「ですよね。ここはやはり伝統の力を借りてA案で推《お》すべきですよ」

少々あざとい例をあえて出しましたが、こんな調子で会話を展開していけば、自分の結論がはたして正しいのか否か、その根拠がしだいに導き出されてきます。このテクニックについては『相手に9割～』にくわしく書きましたので、ぜひ参考にしてみてください。

さて、そもそもコメントはあくまでも「あなたの意見」であって、そこに正解も不正解もほんとうはありません。あなたなりの言葉で相手に「正論だな」と納得してもらえれば、それでいいのです。

ときには、話し合った末に「やっぱりB案がいいね」と、結果が変わることもあるでしょうが、それはそれ。最初の思いとは違っても、一つの結論を出すという目的はきちんと果たされたのですから。

会議に風穴を開ける「バタコさん型爆弾」

複数の意見で迷ったときは、話し合うほど会議がドツボにはまりがちです。それぞれの案の一長一短を細かく分析するなど、理論武装ばかりが分厚くなって、事の本質が見えなくなってしまうからです。

そんなとき、だれかが「Aで決まり！」と爆弾を落とすと、会議の流れが変わることがあります。前の例と似たような話なのですが、そのひと言で、ぼやけてしまったポイントが、「なぜA案なのか？」もしくは「なぜA案じゃダメなのか？」の絞り込まれた視点に切り替わるからです。

それだけで出口が見えてきて、ダラダラと続く会議がテンポアップすることがあるのです。

爆弾を落とすのは、少々強引な思い込みタイプの人が適任かもしれません。アニメのキャラクターでいえば、『それいけ！　アンパンマン』のバタコさんといったところでしょうか。

唐突なようで申し訳ないのですが、じつは先日、二歳の娘が急にハマり出した『アンパンマン』をはじめていっしょに観たのです。

せっかく観るならと思い、第一話から始めたところ、ジャムおじさんと謎の女性バタコさんが、かなり山の中に隔離されたある一軒家で深夜までアンパンづくりに励んでいると、突然、大量の流れ星ならぬ隕石が煙突に直撃して、アンパンマンが誕生して……と、なんの説明もないまま展開するストーリーの速さに驚愕。そして、そのスピードを支えているのが、異彩のキャラクターであるバタコさんだったのです。

窯《かま》の中から飛んで出てきた赤ちゃんのアンパンマンを抱いて、「夢か！」とおろおろするジャムおじさんに対して、バタコさんは即座に言う。

「夢じゃないわ。生まれたのよ！」

なんの説明がないにもかかわらず、バタコさんはすべてをわかっている。アンパンマン誕生の現実を、たったこの〇・一秒で把握し、咀嚼《そしゃく》し反芻《はんすう》し、ジャムおじさんにかなりの決定稿として伝えているのです。

犬のチーズがはじめて家にやってきたシーン。名前もない拾ってきた犬に向かって、ある瞬間いきなりバタコさんが言う。

「ね、チーズ！」

えーー、決まってるの⁉　相談なし？

いくら子ども向けアニメとはいえ、ふつうなら「ねえ、このワンちゃん、チーズって名前にしたいんだけど、どうかな？」くらいのシーンがあってもよさそうなものですが、そんな伏線もいっさいない。

バタコさんは、説明抜きの決定稿で発言するタイプ。彼女が決めつけてくれるおかげなのか、「あっ、もう決まってるんだ」「じゃあ、いいか」の雰囲気になり、物語の進行がスピードアップしているといえなくもありません。

少々ＫＹで強引なところがあるかもしれませんが、会議に風穴を開けるのは、バタコさんタイプの人なのです。クライアントにも「じゃあ、こうしましょう」と推すことができるバタコさん。広告の仕事に向いている気もします。

ついでながら、逆に会議を膠着《こうちゃく》させてしまいかねないのは、クリームパンダちゃん。空をうまく飛べないクリームパンダちゃんは、颯爽《さっそう》と飛んでいくアンパンマンを見て、「ぼくもなりたいなあ……アンパンマンみたいに」とつぶやく。

すかさずみんなが「きっとなれるよ！」と言った瞬間、クリームパンダちゃんは食いぎみに「なれないよ！」。

直前に「なりたいなあ」って言うから「きっとなれるよ！」と激励してくれたのに、返す刀でなぜキレてんだ……。

クリームパンダちゃんは、かなりネガティブな面が強く、そして、かなり身勝手。せっかくA案で決まりかけているのに、「でも失敗したら何千万の損失ですよ」「社長に気に入られなかったらどうするんですか」と、やる前から悪いほう悪いほうへとシミュレーションしたがるタイプ。こういう人は、どの学校や会社にもいますよね。決まるものも決まらないので注意が必要です。

すばやいツッコミで本音を笑いに変える

講演会やトークショーの最後に、質問タイムを設けることがよくあります。質問するほうもされるほうも、ぶっつけ本番。「どんなことを聞かれるのかな？」と少々緊張しつつも、楽しみな時間です。

ところが、コメント同様、質問も〝用意する〟人が多いのです。「その質問、今日の話の流れで聞いてないよね」と思ってしまう。その日の内容にツッコミを入れてくれれば、話をもっと掘り下げていけるのに……と、少し残念なのです。

「企画力」をテーマにお話ししたときのことです。

質問コーナーになって、一人の女性がさっと手を挙げました。

「パワーポイントを上手に使えるようになりたいんですが、どうしたらいいでしょうか？」

えっ、たったいま売れる企画の論理を話したつもりなのに、企画書のつくり方ですか。

ぼくは相手の質問が終わるか終わらないか、まさに○・一秒のタイミングで、やっぱり食いぎみに即答しました。

「知らねぇよ！（笑）」

こうして文字に書くとどうしても乱暴なコメントに見えてしまうのですが、これでもいちおう計算しています。即答のタイミング、言葉のトーンやニュアンス……。

たとえば三秒〝間〟を空けてからの「知らねぇよ！」だったり、丁寧な「知りません」では、その場の空気は凍ります。でも、間髪《かんはつ》を容れずの「知らねぇよ！」なら、芸人さんのツッコミと同じ効果が生まれると思うのです。相手を傷つけることなく、笑って本音が言えるのです。

その後の彼女の話によれば、「会社の先輩がやっているように、私もきれいな企画書の表紙をつくりたいんです」とのこと。

内心、「そういうことなら、ぼくに聞かなくてもなあ……」とは思いつつ、ツッコミのあとは、やはりフォローのコメントも大切です。直後に「それは先輩に聞いてくださいね」と続けたあとに、真摯《しんし》にぼくなりの返答をしたつもりです。

「あのね、企画書がヘタでクビになった人はいないけど、いい企画が思いつかなくてクビになった人は山ほどいるんだよ」

「よっ、待ってました！」のタイミング

そんなわけで、ツッコミ型の即答はタイミングが命です。一秒早くても一秒遅くても、後味の悪いオチになってしまいます。

たとえば、数人でのミーティングの席で、そのなかの一人がぼくに質問したとします。その人、とにかく話が長いんです。

「昨今の状況は……」から入って、「私はこう思っておりまして……」「で、ナントカカントカでありまして……つまり……」。

と、こんな具合。なかなか最後の疑問符にまでたどり着きません。

ツッコミを入れたい。でも、いつが〝そのとき〟なのか、見極めなければなりません。ツッコミどきは、その場の全員が心の中で「長いなあ」とやきもきしはじめたころ。

「また、先日ある方がおっしゃるにはですね……で」

この、何度目かの「で」が終わるか終わらないかのところで、いよいよです。

「長いわ！」

タイミングさえ合っていれば、全員、これでどっと笑ってくれるはずです。

こんなときのツッコミどきは、そのひと言で、場の空気が「よっ、待ってました！」となるような瞬間といえます。要するに、「長いなあ」のやきもきが、全員の共通体験になっているかどうか。早すぎたら「おちさん、短気だな」になりますし、質問が終わってからでは「いまさら？」です。

また、言い方も前の「知らねぇよ！」と同じ。「お話が長いんですけど」ではなく、あえて「長いわ！」とタメ口に変換したほうがいいと思います。

キャラクターによってはツッコミが似合わない人もいますから、全員におすすめできる作戦ではないかもしれません。でも、こんなことがさり気なくできれば、「コメントがうまい人」「話していて楽しい人」と周囲も認知してくれるはずです。

「おまえが言うな！」と言われないために

その場のコメントは即答が大事でも、「いつ語るべきか」と考えたときには、即答ばかりが正しいわけではもちろんありません。話題によっては、機が熟すのを待つほうがいいこともあります。

東日本大震災の三日後の三月十四日。ぼくは自分のブログに「『不謹慎』とは何か」とタイトルをつけたコメントを出しました。震災直後から始まった自粛の連鎖への違和感を綴《つづ》ったのです。同じことに気づいていた人はたくさんいたと思いますが、その時点では、まだ実際に声をあげた人はほかにいませんでした。そんなこともあって、このときのコメントは多方面からの反響をいただきました。

いま考えれば、あのコメントも、地震から三日後のあの時期が〝機〟だったのだと思います。当日はありえないし、翌日や二日後でも早すぎる。そして、一カ月後では遅かったでしょう。

何が早くて何が遅いのか、その基準はどこにあるのでしょうか。

コメントの場合、それは「みんなが聞く耳をもてるかどうか」だと思うのです。

考えてもみてください。たとえば、昨日今日入社したての新入社員に、「こういうときは即メモらなきゃ」などと、したり顔をされたら、「おまえが言うな！」と思いませんか。実力も経験も浅い新人が先輩にものを教えるのは、人間の素直な感情を考えると、機はまったく熟していないと言うべきでしょう。

そんなわけで、ぼく自身も、テーマによっては「自分が語るべき機は熟したか？」を考えてからコメントするようにしています。

この本でも少しふれましたが、マラソンの話題もその一つです。走りはじめて五年になりますが、こうして本やブログでそれについて発言するようになったのは、まさに五年の時がたったからです。五年間走りつづけた人間の言うことなら、聞く耳をもってくれるんじゃないか。そう考えたからです。

ときどき育児についてもコメントするようになりましたが、娘が二歳だからこそ言えることと、「これを言ったら生意気かな」と思えることがあります。約二年の育児経験を長いと見るか短いと見るかは、コメントのテーマと相手によるでしょう。

もちろん、経験の浅い人間は発言するなと言いたいのではありません。

経験が浅ければ浅いなりに、発言するからには、みんなに聞く耳をもってもらえるような〝言い方〟を考えるべきだと思うのです。

「娘が生まれてはじめて知ったことですが……」

「いままで、こんなこともわからなかったダメなぼくですが……」

まずは、自分の経験不足を正直に申告する。この前置きがあるだけで、「よし聞いてやろうじゃないか」と、相手は寛大な気持ちで心を開いてくれるのだと思います。

「知らない」も口に出せば立派なコメントになる

即答が大切な話をしてきましたが、ときには答えを出さなくていい場合もあります。

それを実感したのは、TPP（環太平洋戦略的経済連携協定）問題が連日報道されていたころでした。

ぼくが自分のブログやツイッターに、政治に関するコメントも比較的多く書き込むからでしょうか。「TPPにふれないのはなぜ？」「どう考えているんですか？」「賛成ですか、反対ですか？」など、数多くの意見が寄せられたのです。

べつに興味がないのでも、自分の意見がないのでもありません。ただ、先ほど書いたように、まだ〝機が熟していない〟と考えただけなのです。

というのも、その段階で、ＴＰＰに関してはあまりにも情報が少なかったからです。少ない情報しかないなかで、「賛成ですか、反対ですか？」と聞かれたって答えようがないよなあ……。これが本音。クイズの問題ではないのですから。

ただ、それから少し考えが変わったのは、「答えを出さなくていいときもある」というより、「賛成か反対かを即答するばかりが答えじゃない」ということ。

答えを出すとすれば、それは「知らない」という答えかもしれないと思ったのです。

世の中には、ＴＰＰ問題以外にも、ぼくたちが知りたくて、でも情報がなくて知ることのできないことがたくさんある気がします。

そんなことに対して「知らない」と発信するのは、決して消極的なコメントではないはずです。むしろ「知らない」＝「情報をもっと出してください」のメッセージになるような気さえします。

「知らない」は、口に出したり発信したりすることを通じて、世界を変える十分な〝力〟になるのだと思います。

第4章

[ボキャブラリー]

相手との距離感を踏まえて言葉を選ぶ

ほめる、謝る、断る、怒る、依頼する……。
どんなシチュエーションであれ、相手の心をつかむ言葉選びと使い方とは？

芦田愛菜ちゃんに学ぶ「言葉のチョイス」

この本をまとめている真っ只中、すごいコメント力の持ち主を発見しました。

その人の名前は、芦田愛菜。そう、子役スターのあの愛菜ちゃんです。ぼくが彼女のコメントの才能に気づかされたのは、あるアニメ映画のアフレコに挑戦したという愛菜ちゃんの舞台挨拶の様子をテレビで観たときでした。

年始だったこともあって、絵馬に今年の目標を書いてきた愛菜ちゃん。舞台ではその絵馬が披露されました。

愛菜ちゃんの今年の目標は二つ。一つは「いろんなやくにチャレンジしたいです」。そして、もう一つが「九九のおべんきょうをがんばります」でした。

ぼくはそれを目にして、彼女こそコメントの女王だと確信したのです。

彼女のすごさのポイントは、まずコメントを二つ書いたことにあります。「いろんな役にチャレンジしたい」というのは、子役といえどもプロの女優としてふるまう仕事の顔。

ふつうならそれで終わるところを、彼女はきちんともう一つのコメント、「九九のお勉強をがんばります」で「あの子はまだ幼い小学校一年生（当時）なんだよね」と、世間が望む子どもらしい、かわいげのあるキャラもしっかりアピールしてみせたのです。

しかも、彼女の言葉の選び方がまた天才的です。

「九九を覚えます」とか「九九の勉強をしっかりやります」ではない。「九九をがんばります」。「がんばる」だからこそ、そこに健気《けなげ》さが表現されるんですね。

そして、「ああ、愛菜ちゃんかわいいな。そりゃそうだよ、まだ七歳だもんね」と、大人たちを安心させてくれるのです。このセルフプロデュース能力の高さには驚かされます。

もちろん、彼女自身がそこまで計算していたわけではないでしょう。ただ、自分が発したコメントが相手にどんな心理的影響を与えるか、本能的にわかっているのだと思います。天才の、天才たる所以《ゆえん》はまさにそこです。

場を読むこともできず、はずしまくりのコメントしかできない大人は、ぜひ愛菜ちゃんを見習うべきでしょう。

両極のコメントで意外性を見せる

芦田愛菜ちゃんのコメントからもう一つ見えてくるのは、意外性やギャップがその人の魅力になるということです。

「いろんな役にチャレンジしたい」大人っぽさと、「九九をがんばる」子どもっぽさ。その振り幅は、大きければ大きいほど人の興味を引くのです。見た目はいかにも悪そうなヤンキーが、困っているおばあさんをおぶって横断歩道を渡っていたら、「案外いいヤツじゃん」と三割増しで感動してしまうように。

このテクニックをビジネスシーンでのコメント術に応用するとすれば、たとえばこんな具合でしょうか。

「まだまだ新人で頼りないとは思いますが、ご指導よろしくお願いします」

「あっ、それから五人の子育てもがんばります！」

すると、「えー、おまえその若さで子ども五人も育ててるの⁉ エライな」と、好印象をもってくれるかもしれません。

両極の二つのコメントを語るときは、順番も大切になります。最初に言うのは、あくまでも周囲のイメージどおりの表の顔。たとえば、ふざけた発言をして「おまえなあ～」とあきれさせておいて、「毎朝五時に起きて一〇キロ走ってます」と、裏キャラを暴露するといったやり方です。

順番を間違えて裏からいくと、ギャップ効果が半減してしまいます。

依頼は「一回につき一つ」の法則

「この人、頼み方がヘタだな」と思うことがあります。

「お忙しいところ、たいへん恐縮なのですが」と前置きではへりくだりつつ、その依頼内容となると、「①――」「②――」「③――」……などと、平然と箇条書きで並べ立ててくる。

これでは「おいおい、一度に五つも頼んできちゃうわけ？」と、頼まれたほうはウンザリしてしまいます。しかも、よくよく内容を読んでみると、最重要項目以外は、べつにわざわざ箇条書きにしなくても、付随してやれることだろうと思われるようなことばかり。

家庭生活にたとえるなら、「①卵、買ってきてね」だけでいいのに、「②それは冷蔵庫に入れてください」「③パックから出して、卵入れに移し替えてください」と、箇条書きのメモを渡されるようなものでしょうか。

「そんなの、言われなくてもやるわ！」と言いたくなりませんか。

頼み上手な人は、もっとも大事なことを一つだけコメントします。

すると、相手は「えっ、それだけでいいの？」とばかりに、二番目、三番目に頼みたいことまでみずから進んでやってくれる。それどころか、「ついでに牛乳も買ってこようか？」と、別の用件まで引き受けてくれることすらあると思うのです。

ビジネスの現場でも同じです。

あれもこれもと頼みたくなるのをグッと我慢して、「このキャッチフレーズをもう少しやわらかい感じに変更してください」と、優先順位の高い一つだけを依頼してみる。

そのひと言で、「わかりました。じゃあ、サブキャッチのほうも考えなおしてみますね」と相手に言わせてしまう。これがコメント力なのです。

また、メールや文書での依頼のコメントは、最後は必ずポジティブな言葉で締めることも大切なポイントです。「あれは来週までに可能なんでしょうか？」と締め切りを迫ったり、ましてやお金の話がからむと、概してネガティブになりがちです。

「時間もないし、予算もない。今後もどんなアクシデントが起こることやら」といった切迫した空気感を醸《かも》し出すような締め方では、モチベーションを下げるだけ。とうてい相手を動かすことはできません。

「必ず成功させて、世の中をビックリさせたいですね！」くらいの終わり方で、気持ちよく仕事をしてもらいましょう。

ほめるときはポジショニングが大事

ほめるときのコメントは、自分のポジションをどこに置くかで変わってきます。

たとえば、作家に向かって「文章、うまいですね」は、明らかにポジショニングのミス。「うまいですね」「おもしろいですね」「いいですね」などは、目上の人が目下の人に言う言葉なのです。

それで思い出したのが、『イン・ベッド・ウィズ・マドンナ』という、あの大スター、マドンナに密着したドキュメンタリー映画です。おもしろいのは、ライブのあと楽屋にやってきた俳優のケビン・コスナーが、彼女に感想を言うくだりです。

「neat !」

つまり「nice」とか「good」のような感じで、軽い調子で「いいね！」とケビン・コスナーがマドンナをほめたのですが、その後、とんでもないことになったのです。彼が部屋を出た瞬間、「ハァ？　なんだって私があいつに『いいね！』なんて言われなくちゃならないのよ」とばかりに、マドンナがぶちギレ……。

天下のケビン・コスナーでも、ポジショニングを間違えてしまったのですね。

そんなことにならないためにも、人をほめるときは、相手と自分の位置関係を瞬時に読み取らなければなりません。

ちなみに、ほめ言葉のなかでは「カッコいい」や「おいしい」は、ポジショニングに関係なく使えます。〝ノーボーダー〟のコメントといえるでしょう。

しかし、いくらノーボーダーな言葉とはいえ、そこに「ちょっと」や「けっこう」をつけくわえてはいけません。

「ちょっとカッコいい」

「けっこうおいしい」

たちまち、上から目線の言葉に早変わりしてしまいます。

謙遜と卑屈のボーダーライン

「いつも見てますよ」――「なんか、すいません……」

「おきれいですね」――「いえいえ、そんな私なんか……」

ほめられたときのコメントは、ややもすると卑屈《ひくつ》なモードになりがちです。かといって、女芸人さんのように、「かわいい～」と観覧客に言われて「知ってる！」と断言するのはやりすぎでしょうし、せっかくほめてくれているのに「はあ」で終わらせるのも、なんだか高飛車な感じがする。

謙遜《けんそん》しすぎず、へりくだる。なかなか難しい技ではあります。

ときどき、対談相手の方に自分の本を差し上げることがあるのですが、そんなときもどんなひと言を添えるべきか一瞬考えます。

「これ、よかったら読んでください」

これは素直な自分の思いですが、相手が目上の方の場合、それではストレートすぎる気がします。「つまんなかったら捨てちゃってください」では、卑屈でかえっていやらしい。「捨ててもいいようなものをくれるのか」と逆に失礼にもなってしまいます。

そんなわけで、最近ぼくのなかで定着しつつあるのがこんなコメントです。

「これ、お荷物になりますが」

不遜でもなく、自分を卑下《ひげ》もせず。結局たどり着いたのは、ボーダーラインを飛び越えたフラットな言葉でした。

怒りは家に持ち帰らずにその場で解決

人間関係のギクシャクで悩んでいる人が多いのでしょうか、「相手に腹が立ったときは、どんなコメントをしたらいいですか?」と質問されることがよくあります。

ぼくは基本的には平和主義者だと思っています。「バカヤロー」などと大声で怒鳴ったりすることはまずありません。でも、腹が立たないかといえば、もちろん違います。

つい先日も、ちょっとした顔見知り程度なのに、やたらと親しげな態度で接近してくる人がいて、困惑したことがありました。

〝なんでも語り合える大親友〟くらいの馴《な》れ馴れしさなのですが、話をしてみれば、「えっ、そんなこと、ぼくのブログの読者でも知っていますよ」程度の情報すらわかっていない様子。「もしかしてこの人、ぼくの職業も知らなかったりして」と思わず疑いたくなるほどなのです。

べつに知らないなら知らないでかまわないのですが、問題なのは、延々と話しかけてきて、なかなか解放してくれないこと。

「で、最近、どうなの？」って、そんなこと、ぼくを知らない人に報告する必要はありません。さすがにだんだん腹が立ってきました。

以前のぼくなら、こんなときは「まあ、ここで波風立てるのも面倒だな」と、なんとなくやり過ごしてしまうのが常でした。

ところが、怒りは家に持ち帰ると、夜寝るときくらいになって突然、再浮上してくるものです。「あのとき、ああ言ってやればよかった」と、後悔のあまり眠れなくなったりして、まったく健康によくないのです。

そんなわけで、ここ最近は反射神経を鋭くして「その場でスピード解決」を心がけています。

そのときの馴れ馴れしい相手も、こんなコメントで撃退しました。

「あっ、それ全部ブログに書いてありますから」

やはりぼくのブログの存在も知らなかったようで、やっと気まずそうに去っていってくれました。

ケンカ腰になって相手を罵倒《ばとう》すれば、自分自身のエネルギーまで奪われてしまいます。相手の人格までは損《そこ》ねず、過剰にならずフラットに。でも、自分の怒りはしっかりと相手に伝えるコメントを言いたいものです。

以前、仕事のルールもわきまえず、軽いノリで「おちさんのそのアイディア、いただいちゃおうかな」と言ってきた若者がいました。そのとき、思わず口から出たのがこんな言葉です。

「いいけど、オレ、高いよ」

怒りは、感情にまかせず、あくまでも冷静に伝えたほうが効果的だと思います。

謝罪のコメントに誇大広告はいらない

「申し訳ございません。以後、徹底させますので」

「このようなことが二度と起きないよう、徹底いたします」

謝罪の会見などでよく聞く言葉です。

けれども、この「徹底」という言葉、あまりいいイメージがしません。

UFO徹底検証、拉致《らち》問題徹底究明……テレビなどでもよく使われますが、過去、「徹底」といって徹底されたためしがあったでしょうか。

実際、そんなお手軽に徹底できることは、世の中、そうそうありません。ですから「徹底」とついたとたんに、誇大広告の臭いがしてしまうのです。

謝るときは、自分の言葉で正直に語ることを第一に考えたいものです。手垢《てあか》のついた慣用句を並べ立てても、謝罪の気持ちはいっさい伝わりません。

「いまバタバタで」を言い訳に使わない

約束の時間に現れない相手に電話をしたら、「あっ、すみません。バタバタしていて、なかなか出られなくて。これから出まーす」との返事。

もう、来なくていいよ。ぼくならそう思ってしまうかもしれません。

何日も待たされたあげく、ようやく電話がきたと思ったら、その第一声が「ご連絡が遅くなりましてすみません。ちょっとバタバタしておりましたので」。丁寧なようでいて、これもかなりカチンときます。

こちらだって仕事です。「あなたのそのバタバタに、ぼくは入っていないんですか？」と聞きたい。そんな台詞じゃ、まるで「アンタの仕事は後回し」と言われているようなものではないでしょうか。そもそも、メール一本、電話一本できないような忙しさなんて、ほんとうにあるのかと疑問になります。

遅刻するのも連絡できないのも、要するに、仕事の効率が悪くて時間の読みが甘いからなのです。その責任を「バタバタ」のせいになすりつけるなど、保身からくる言い訳にすぎません。

「バタバタ」なんて言葉は使わず、忙しさの中身をきちんと説明して謝るほうが、よほど誠実な対応だと思うのです。

「ごめーん、いまちょっとバッタバタでさあ」

「こっちはバタバタなんだから、そんな言い訳はあとにしてよ」

ことほどさように、なんでもかんでも通用してしまえそうな「バタバタ」。無意識に使っているのでしょうけれど、胡散《うさん》くさい印象を与えかねないのです。

失礼きわまりない「行きたかったけど行けなかったです」

「バタバタ」と同じようでいて、言い訳なのか謝罪なのか、とにかく、こういうコメントがあります。

「行きたかったけど行けなかったです」

いろいろなスターの公式サイトや公式ブログを読んでいると、とくに頻発しているのですが、これには、三つ大きな間違いがあるのではないかと思うのです。

「行きたかったんだったら行けよ」

相手が思う率直な感想はこうです。ほんとうに行きたかったのであれば、どんなことがあろうとも行くはずですからね。彼氏には会いにいくでしょう。要するに、これはたんに「今度飲みにいこうよ」といった社交辞令に近いのです。

「軽く行こうかな、とは一瞬考えたんだけど、そこまで好きじゃないし〝行か〟なかった」。これが真実ではないでしょうか。だとしたら、わざわざ本人に報告までするのであれば、「行きたかったんだけど行かなかったんです」と正直に言うべきだと思うのです。これが一つ目の間違い。

二つ目は、そもそも、それを本人に伝えているところ。なぜそんなネガティブな勝手な思いと、行かなかったという現実をわざわざ本人に伝える必要があるのでしょう。

「行かないと思ってたんですが、結果行きました」

これなら本人に伝える意味もわかります。行かなかった現実を本人に伝えて、何かいいことがお互いにあるのだろうかと不思議に思う。言われて「そっか。来たかったんだけど来なかったんだ」と思う人はいないと言いきっても過言ではないでしょう。

行かなかった時間は存在しています。その時間が消失したわけではありません。その時間を、ほかのことを優先した結果、行かなかったのです。なぜ、それをわざわざ本人に報告するのだろうかと、そのようなコメントを見かけるたびに思ってしまいます。

三つ目は、行きたかった、だけど行けなかった〝です〟と、丁寧語なところ。

たしかに行きたかったのだけれど、体調が悪かったり、交通機関が乱れたなどの不可抗力によって、行けなくなってしまったことはだれにでもあります。それなら本人に報告するのもわかる。「そうだったんだ。残念。次回はどこかでぜひ！」と思ってくれるでしょう。

「行けなかったです」「行けませんでした」と、ここで丁寧語を使うほど行きたかったのであれば、すべてを優先して行けや、と感じさせてしまう。しかも、かえって上から目線に思いませんか。どうしても不可抗力ではなく、その時間、別の選択肢を選んでそちらに行っていたと相手は思うはずです。

しかも、そんなコメントにかぎって「今度は行きたいです」といった、まだ上から目線のおまけつき。しかも悪気はありません。

ふた股かけて落選したほうに、わざわざ、しかも丁寧語で報告するようなものではないでしょうか。

「かわいい」がもつ魔法の力

とにかくよく聞かれる「かわいい」という言葉。

「ちょー、かわいい」のひと言から、「その携帯、かわいいですね」「このパッケージならかわいいと思います」「うちの部長って、かわいいよね」などまで。

日本人女性の九〇パーセントが、いちばん言われたいほめ言葉だとするデータもあるようで、実際、もっとも言葉に出しているほめ言葉は、この「かわいい」ではないでしょうか。

なんでもかんでも「かわいい」ですまそうとする現象を〝ボキャ貧〟などと批判する人もいますが、はたしてほんとうにそうでしょうか。

ロサンゼルスのブランドショップで、男性の店員に聞かれたことがあります。

「日本人観光客はみんな『かわいい』と言うが、どういう意味ですか？」

「それは非常に難しい問題ですね。『かわいい』には『愛おしい』もあれば『クール』もあり、『最高』もあれば『欲しい』もある。とにかく、ものすごくたくさんの意味と、人によってのニュアンスの違いもある。でも、このスーツもかわいい、あっちの花柄シャツもかわいい。言うならば、すべてのほめどころをひと言で表現できるすばらしい言葉といったところかな」

そう言ってしまってから、自分でも「そうだったのか」と気づきました。

「かわいい」は、従来の日本語では表現できなかった感情や感想をみごとに表せる魔法の言葉なのだ、と。その正体は深すぎて広すぎて、だけども日本人ならば共通認識として、その思いを共有できる。

ウィキペディアには、「他言語圏にも輸出されていて、二〇〇九年時点で、二十一世紀に入って世界にもっとも広まった日本語。ＫＡＷＡＩＩ」とあります。

すべてが「かわいい」でいいわけではありませんが、「かわいい」は〝いま〟という時代が生んだ言葉です。大切にしたいコメントだと思います。

「やばい」のとてつもない表現力

「かわいい」と似た言葉に「やばい」があります。おいしいものを食べたとき、お気に入りの服やアイテムを見つけたとき、超おもしろいアトラクションに乗ったとき……。ぼくも口をついて出てくる最初のひと言は「やばい！」が多い。

とあるライブに行ったときのこと。後ろの席に座っていた、数人で来ていると思《おぼ》しき女子高生くらいの女の子の一人が、毎曲終わるたびに感想を叫んでいることにふと気づきました。

その感想がすべて「やばい！」のひと言に集約している。しかも、たんなる「やばい」ではなく、「やばい」には五段活用があるのではないかと思えるほど微妙に違うのです。

「やばい！」

「やっばい！」

「や！　ば！　い！」

「やばいやばいやばい！」

「やーばーいー！」

ほかの言葉はいっさい登場しません。しかし「やばい」を使い分けている。激しいダンスの楽曲のあとは「やっぱい！　やっぱい！　やっぱい！」。バラードのあとは「やーばーぃーーーーーーー！」。

いったい何が「やばい」のか、そろそろ聞いてみたいなと思った瞬間、彼女はこう言いました。

「やばい！　私がやばい！」

そうか〝私〟がやばいのか。どういうことだろう……。

その直後に隣の友だちに言った台詞。

「やばい！　私がやばい！……やばいよね？」

まだ疑問形の使い方があったのか……。「やばくね？」などの半疑問形はともかく、「やばいよね？」とかなり直接的に使ったのを聞いたのははじめてです。

さらに一〇曲目くらいが終わったとき、「今日、昨日よりやばくない？」と隣の友だちに言うのが聞こえました。彼女は昨日もライブに来ていて、昨日よりも今日のほうがいい何かを察知したようなのです。

「今日、空調やばいよね」

その後、「温度やばくない？」。昨日より冷房がいい感じに効いているらしい。

それにしても、「やばい」だけでここまで表現できてしまうのですから、ある意味すごいものです。感動のあまり、ほかの言葉が出なくなってしまったのかもしれませんね。

でも、できることなら、何が「やばい」のか、自分なりの感想をつけくわえたほうがもっと感動を共有できると思います。

「ムリ！」と断ることのメリット

「ムリ！」も一つのコメントですが、少し前までは、良識ある日本人の会話のなかでは使われなかった言葉です。断るときは「う〜ん、ちょっと難しいかな」と言葉を濁《にご》したり、「ごめんね」とさり気なく謝るのが一般的でした。

それがいまでは、「つきあってください」「ムリ！」って……。

けれど、悪い側面ばかりではない気がします。

「イヤ！」とか「ダメ！」とか言われるよりは、なんとなくクッションが効いている。身も蓋《ふた》もないようでいて、笑いに転化できるスキもあるので、思ったよりキツくない。

これも時代が生んだ言葉なのでしょう。隠れた流行語として、ボキャブラリーのなかに入れておいても損はないかもしれません。

ただし、くれぐれも使い方を間違えないように。

「これ、コピー一〇部お願いね」――「ムリ！」

これだけはいけません。

「たしかに」の四文字で同意と感動を伝える

相手の話に同意するとき、あなたならとっさに、どんなコメントを言いますか。

「わかります」

あっ、それはダメ。『相手に9割～』を読んでくださった方はご承知ですね。

そう簡単にわかるはずがないからです。
とくにリスペクトするほどの相手なら、その人の知識や考え、経験は、あなたの理解をはるかに超えて深いもの。安易に「わかります」と同意するのは不遜ではないでしょうか。

同様に、「ぼくもそう思います」も、いかにもテキトーなコメントです。「こいつ、ほんとうに考えてからものを言ってるのか？」と疑われても仕方ありません。

短くても意外にインパクトがあるのが、「たしかに」という言葉です。

「たしかに」のひと言には、同意の意味だけでなく、感動のニュアンスも含まれている気がするのです。

「その話、目からウロコです」「言われてみれば、ほんとうにそうですね」といった、いろいろな深い思いが汲《く》み取れる。たった四文字なのに多くを語れる、使い勝手のいいコメントだと思います。

自分なりの格言をもとう

以前ツイッターで「人生とは偉大なる暇つぶしである」とつぶやいたところ、「たしかに！」「わかります」と次々とリツイートされました。

こんな格言めいたコメントは、人の心に刺さりやすいのです。

講演やトークショーでお話しするときも、格言風の言葉を使うと反応が違います。うまい言葉が言えれば、会場じゅうが「なるほどねえ」の空気でザワっとしますし、いっせいにメモをとってくださることもある。

人前でお話しするようになって十五年くらいたちますが、最近では、みんながメモをとるタイミングがわかるようになってきました。「この言葉、たぶん共感してもらえるだろうな」と思うと、ほんとうにそうなるのです。

ですから、たとえば笑いが続いたあとで、「よし、このへんで勉強モードになってもらおうかな」と思ったときには、わざと格言風の言葉を口にするようにしています。

ビジネス系のテーマの講演で、メモをとってくれる頻度が高いのが、ぼくの造語なのですが、「ポジティブ・プランニングとネガティブ・シミュレーション」という言葉。

これは企画を生み出す手法をひと言で表現したもので、「発想段階では『これはとんでもなくおもしろいぞ』とポジティブに考え、検証段階ではネガティブな方向にだけ目を向け、徹底的にマイナス面の洗い出しをする」といった意味です。

仕事だけでなく人生をプランニングする際の指針にもなるようで、「覚えておきたい」と思ってくださる方が多いようです。

こんなふうに、何か一つでもいいから、自分のポリシーや成功法則についての格言をもっていると、コメントの説得力がアップします。マーフィーの法則ばりの人生理念でもいいですし、ふと気づいた〝あるあるネタ〟でもかまいません。

借り物の名言ではなく、ぜひ、自分の言葉で自分なりの格言をつくってみてはいかがでしょうか。

第5章

［たとえる］

社会問題を「ご近所トラブル」で説明する

「たとえ」がハマれば、コメント力は一気にアップします。
なぞかけ、たとえツッコミ——まずは共通点探しから始めましょう。

コメント上手は、たとえ上手

「うまい！」と言われる人のコメントは、たとえや比喩が効果的に使われていることが多いのに気づきます。

何かにたとえるだけで、話の中身が映像となってイメージしやすくなるのです。ダラダラと長くなりがちな話もスッキリひと言でまとめられる。とにかく、難しい話も抽象的な話も、たとえ一つで一気にわかりやすくなるものです。

たとえがうまく決まれば、「あの人は頭がいい」とか「センスあるよね」と、周囲の注目を浴びることもできなくはないのです。

でも、難しそう……。いやいや、考えてもみてください。日本はそのむかしから〝もののたとえ〟が入った格言やことわざの天国ではないですか。

「なんだよ、この〝芋の子を洗うような〟激混みは！」

「まるで〝盆と正月がいっしょに来た〟感じだな」

「まあ〝高い授業料を払った〟と思って、あきらめよう」

じつは、ふだん何気なく使っている言葉のなかにも、かなりの頻度でたとえが登場しているはずです。だれもがたとえ上手になれるベースはもっているのだと思います。

ただし、使い古された、むかしながらのたとえや、だれもが言いそうな表現ばかりを多用すれば、逆にセンスを疑われてしまいます。

自分のオリジナルの言葉で、いまの時代の空気に合ったたとえ話ができる人をめざしたいものです。

まずは共通点探しから

お笑い番組の影響もあって、しゃべりのうまい人ほど人気者になれる傾向があります。

テレビに登場する芸人さんたちの話術もしだいに高度になってきて、ツッコミ一つとっても、以前の「なんでやねん」から、いまでは、ひねりの利いた〝たとえツッコミ〟が話題になってきました。

一般の人のあいだでも、たとえば遅刻してきた後輩に「おまえは社長かっ」と言う程度では、もう「うまい！」とは言ってもらえないでしょう。

では、どうしたら上手なたとえができるのか。

その前に、肝心なことを忘れていました。たとえ上手になるには、まずは「たとえてやるぞ」という気持ちをもつことが大前提です。

何も考えず、ただボンヤリと過ごしていたのでは、たとえるネタは発見できません。その気になって、身のまわりの出来事を客観的に見る習慣をつけないことには、何も始まらないのです。

コツは、似ているものを探すこと。つまり共通点探しです。

たとえば、干したての布団の匂いを嗅《か》いだ。「あれ、この感じ……」と記憶にひっかかりを感じたら、その場で即、「何かに似てないか？」と思いをめぐらせてみましょう。「ああ、おばあちゃんちの縁側の匂いと同じだ」かもしれないし、「子どものころにかくれんぼで遊んだときの感じだ」でもいい。

大切なのは、五感が働いて、せっかく感じたことを無意識にやり過ごすのではなく、きちんと言語化してみること。どんな状況に遭遇しても、それとの共通点を探す努力をすることです。

ランチタイムに近くのお店へ入ったら、マスターが、接客して、料理をつくって、レジ打ちまでこなしていたとします。

こんなときも、ただ「忙しそうだなあ」と感心して見ているだけでは、それ以上の広がりにはなりません。

「ここのマスターは、一人三役だな。これに似たものって何かな……。そうだ、三色ボールペンか」

人や物の境界線を取っ払って、共通点探しの幅を広げてみるのです。何かしらの気づきがあれば、目の前の現象に対するコメントが一つできあがります。

マラソンと人生の共通点とは?

はじめてマラソン大会に参加したときのこと。ぼくにも大きな気づきがありました。

よく聞かれるたとえなのかもしれないけれど、「マラソンは、ほんとうに人生と似ているな」と実感できたのです。

「いかにまわりのスピードに惑わされないか」が勝負となり、抜かれようが抜こうが、とにかく自分の一キロのペースを淡々と守りつづけ、積み上げていき、調子のいいときは少しスピードを上げ、苦しいときは落とす——。

まさに時代の流れや世間体などに惑わされないことが重要な、人生と重なっているように思うのです。

『相手に9割〜』にも書いたことですが、質問術も人生も、その評価を〝面積〟で測るようにしています。

人生の折れ線グラフがあったとしたら、若いころに飛び抜けて高い山をつくろうとするのではなく、スローペースでいいから、なだらかに山を登って、右肩上がりの線を描きたい。最終的にグラフの面積が広ければいいとぼくは思う。

山の角度は、鋭角に上がれば必ず鋭角に落ちていきます。見た目は派手でも、二次元にしてみると、グラフが形づくった山の面積は思ったより広くないのです。

それよりも、最後の最後にトータル面積を測ったら、「こちらのほうが広かった」と納得できるような人生を送りたい。

最初はトップ集団にいたのに、しだいに脱落していく人。

途中でスピードを上げたかと思うと、すぐにへたりこんで走れなくなってしまう人。

マラソン同様、人生もいろいろです。「人生とは、まるでマラソンのようである」がふさわしいのか、「マラソンとは、まるで人生のようである」と言うべきなのか。

いずれにしても、自分が実際に体験して気づいたからこそ感じることのできたコメントだと確信しています。

フルマラソンにチャレンジしてみて、もう一つ頭に浮かんだコメントがあります。

それは、「結婚とは、歩幅が同じ人との出会いである」。

ホノルルマラソンほどの大きなレースを走っていると、さまざまなランナーと並走することがあります。

「もしかしたら、この人とずっと同じペースでゴールまで行くのかも」

そんなことを思っても、もって三分。知らぬ間にその人は、後ろに行くか前に行くか、とにかく視界から消えている。三万人近くのランナーが出場している大会だろうと、まったく同じ歩幅の人などなかなか見つかりません。

もしかしたら、六〇億人の人類がいようとも、そうそう同じ歩幅の人など見つからなくて当然なのかもしれない。だからこそ、同じ歩幅で並走できるパートナーを見つけることは貴《とうと》いことなのだ——。

同じ歩幅の人との奇跡の出会いは、人生でいえばまさに結婚であり、「この人、同じ歩幅かも」と感じては消えていくプロセスは、恋愛にたとえられるのではないかと思います。

こんなことをブログに載せたところ、とくに未婚の女性の方々から「なるほど、結婚ってそういうものなんですね」と、多くの声をいただきました。

「結婚とは何か？」。そう大上段に問われても、なかなか答えられるものではありませんが、こうして想像をめぐらすと、深淵なテーマも自分なりに納得できて、わかりやすく人に語れるようになると思います。

質問もコメントも「なぞかけ」で究める

共通点を探すのは、結局のところ、「なぞかけ」をつくる要領と同じです。

「○○とかけて○○と解く。そのココロは、どちらも○○です」

いまの結婚の話であれば、「結婚とかけて、マラソンと解く。そのココロは、どちらも○○でしょう」。前に紹介した三色ボールペンの話なら、「この店のマスターとかけて、三色ボールペンと解く。そのココロは、どちらも○○でしょう」。

一見すると関係のない二つの事柄を、まるでなぞかけを解くように、共通点の「○○」を埋める作業を頭の中でつねにするのです。

マラソンを走っていると、「マラソンとかけて、人生と解く……」を最近いつもやってしまいます。

目標達成があやしくなり、心が折れそうになりながらも、気持ちを切り替えて走りつづける。「そのココロは、臨機応変が大切でしょう」。ラスト一〇キロ、身体が思うように動かない。「そのココロは、絶望と隣り合わせでしょう」。もう二度とレースなんか出るものかと思っていたのに、ゴールしたとたん、すぐに次回の目標や戦略を考えるようになる。「そのココロは、先を見据えることが成長につながるでしょう」。

さて、前作の『相手に9割～』では、このなぞかけのテクニックを質問に応用することを提案しました。質問するときは、「そのココロ」をあらかじめ自分のなかにもっておかなければならない、と。

自分に答えがないと、「結婚についてどう思いますか?」「マラソンは好きですか?」と、一見して無関係な質問が、ほんとうにバラバラで脈絡のないものになってしまうからです。

「こいつ、いったい何が目的でこんな質問してくるんだ?」と、相手も不安になってしまいます。

根っこに「どちらも同じ○○でしょう」というココロ、つまり共通のテーマさえきちんと押さえてあれば、質問にも一本筋が通るのです。

「記憶」と「記憶」をつなげてみる

フルマラソン出場などという特別な体験とまではいかなくても、共通点探しは身近なところで十分にできるはずです。

ぼくの場合、街を歩いているときや車を運転しているとき、すれ違う人や街並み、看板などが目にとまると、しょっちゅう〝似たものどうし〟を探すクセがついています。

「おちさんは、たまたまおもしろいことに出会ってしまう幸運体質なんですよ」

そんな言われ方をされることもありますが、決してそうじゃない。おもしろいことに出会うのではなく、自分で状況をおもしろくしたいといつも思っているのです。

大切なのは、ごくありふれた日常風景であっても、視点を変えて見てみようとする姿勢。

「あの人は○○に似ている」と、人の容貌《ようぼう》や体つきを動物にたとえるのは失礼ではありますが、しぐさやクセ、服装などから似たもの探しをするくらいなら許してもらえるのではないでしょうか。

余談ですが、最近、民主党の輿石幹事長を見るたびに、『スター・ウォーズ』に出てくるC－3POを思い出すのですが、これはスレスレかもしれませんね……。

第2章で、人物にキャッチフレーズをつける練習を提案しました。そういえば先日、フェイスブックの創業者マーク・ザッカーバーグ氏と会談していた野田総理のニュースを見ながら、彼のキャッチフレーズがふとひらめいたのです。

「いま日本一『いいね！』が欲しい男」

そのときの野田総理は「映画観ました」などと、愚にもつかないコメントを発していました。

どうせ会うなら、もっとフェイスブックのことを深く勉強して、「八億人とは言わないけど、日本人一億人の『いいね！』、なんとかならないもんですかね」とか、「党内の『友だち承認』さえもらえなくて」くらいのユーモアあふれるコメントを出せないものかと、正直、苦笑してしまったものです。

ともかく、もしこのエピソードをだれかに話すとき、「この前、野田総理がフェイスブックの創業者と会っているのをニュースで見てさ……」と細かい説明から始めるよりも、「野田総理って、いま日本一『いいね！』が欲しい男だよね」と、たとえを使ったほうが、体験したおもしろさは伝わりやすいはずです。

フェイスブックを知らなければ、このコメントは決して言えません。

野田総理がザッカーバーグ氏と会談しているニュースを見なければ、やはりこのコメントは出てきません。

そう考えていくと、たとえとは、自分のなかにある記憶と記憶をつなげる作業なのかもしれません。

じつはこれは、「企画」と同じです。

企画も、ある日突然、二つ以上の記憶と記憶が合体して生まれるものだとぼくは思っています。ということは、コメントの練習は、仕事のアイディアを練ることに直結する可能性があるのです。これぞまさに、ぼくが理想としている「一石多鳥」の生き方でもあります。

〝自分グーグル〟をコメントのネタ帳にする

さて、そんな「記憶」をストックしておく重要なツールが、すでに紹介した、自分だけの検索エンジン〝自分グーグル〟です。

見たこと、聞いたこと、体験したこと、考えたこと、想像したこと……。ピンときたら、なんでもこの〝自分グーグル〟に登録していけばいいのです。

そして、いざコメントを求められたときには、ネタ帳代わりに、即、検索。

「マラソン　似ている」

たとえばこんなふうに、二つの検索ワードを入力するだけで、記憶のアイテムがずらっと飛び出してくれれば、あとは、そのなかからチョイスする作業。意外な記憶と記憶を組み合わせれば、だれも思いつかないようなユニークなコメントだって言えてしまえるかもしれません。

「たとえツッコミ」や「なぞかけ」の達人と称されている芸人さんたちは、おそらく、この〝自分グーグル〟のストック量が途方もなく多いのだと思います。

破天荒《はてんこう》な武勇伝を話す上司に、何かコメントを言うシーンを想像してみてください。

「すごい生き様ですね」「モテまくりですね」「女泣かせですね」

こうしたありふれた言葉では、とても印象的とはいえません。

「俺の空クラスですね」

「島耕作でしか読んだことのない話ですね」

「長いモテキが続いてますね」

多くの人が知っているマンガ作品が検索エンジンに登録されていれば、たとえコメントの伝わり方が鋭角に上がります。相手の年齢に応じて、作品やキャラクターを適切にチョイスすればいいのです。

「バカボンでしか見たことない世界ですね」

「心ないなあ。高田純次さんクラスにないなあ」

「その落ち込み方、星飛雄馬以来ですよ」

こんな使用法はいかがでしょうか。

デフォルメしすぎると伝わらない

似ているもの探しが上手になると、形容詞のセンスも光るようになります。

たとえば「静けさ」を表現するとき、あなたならどんな形容詞を使いますか。

「お葬式みたいに静か」と言うのか、「九月の海のように静か」と言うか。ここで、それぞれの〝自分グーグル〟の充実度が試されます。

このとき注意したいのは、デフォルメしすぎないこと。

ワインの味を表現するのに、まるでソムリエ気取りで「うーん、これは鹿皮をなめしたような香りですね」などと言おうものなら、気持ち悪がられるでしょうし、「バラの微笑《ほほえ》みのような赤ですね」だと、なんだか気恥ずかしい。

くわしい説明を要するようなデフォルメのしすぎは、本人はわかっていても、相手には最後まで伝わらないのです。

この延長線上で考えていけば、当然のことながら、相手によって形容詞を使い分ける必要もあるでしょう。

ある箱の大きさを説明するのに、「ミカン箱みたいな」と言われてピンとくるのは、かなり上の世代に限られるかもしれません。「ほら、むかし旅館にあったテレビくらいの大きさ」とたとえても、共通体験がない人には伝わりにくいでしょう。

男性のなかには〝自分グーグル〟の中身が、マニアックなプロレス用語や野球用語で埋め尽くされている人がときどきいます。趣味を共有している人たちのあいだでは盛り上がるでしょうが、とくに相手が女性の場合は、そこから形容詞を引っ張ってくるのは考えもの。本人はわかりやすく形容したつもりでも、余計に混乱を与えるコメントになってしまいます。

一方、背が高い人に向かって「東京タワーみたいですね」は、あまりにも直裁的すぎるので禁句です。同じ東京タワーを使うなら、たとえば、女性社長がパーティでわかりやすい赤と白のロングドレスを着ていたとき、「おしゃれですね。そこまで赤と白が似合うのも東京タワー以来ですよ」くらいなら、まだいいのでは。

ほめるときは、少なくとも、すばらしいもの、すてきなものにたとえてください。決して、一般的にイヤな印象を与えるもので形容しないこと。

形容詞の表現力を磨くために、こんな練習をしてみてはいかがでしょう。

・「びっくり」という言葉を使わずに「驚き」を表現してみる。
・「おいしい」と言わずに「おいしさ」を表現してみる。
・「きれい」と言わずに女性や景色の「美しさ」を表現してみる。

時間があるとき、ゲーム感覚で考えてみるといいかもしれません。

複雑な状況を「○○状態」で形容する

形容詞とは〝そのものの状態〟を表す言葉です。

そこで最近では、形容詞の形をとらずに、ストレートに「○○状態」と言ってしまったほうがわかりやすくて便利な場合もあります。

もともと存在することわざと「状態」という言葉をくっつけて、「金魚のフン状態」「飛んで火にいる夏の虫状態」など、比較的オーソドックスな使われ方をすることもありますね。

サザエさん一家を例にした「マスオさん状態」や、〝決してのぞいちゃいけません〟を意味する「ツルの恩返し状態」といった使い方もある。

とにかく、「○○状態」の使用法に決まりはありません。もっと自由に考えて、いろいろな状況を形容してみてはいかがでしょうか。

ある日、スポーツクラブのサウナに入ったところ、まわりがすべて外国人という、いつにない事態に遭遇したことがありました。

この状態をどう形容するか。そのときひらめいたのが、この言葉。

「逆テルマエ・ロマエ状態」

念のためわからない人に説明すると、『テルマエ・ロマエ』とは、古代ローマ人のローマ風呂設計技師が、現代日本の銭湯にタイムスリップするというコミックで、最近、映画にもなった人気作品。ぼくだけが日本人だったその不思議な状況を前に、思わず〝自分グーグル〟が作動したわけです。

二〇一一年の「3・11」のあと、放射性物質による汚染の疑いで、水道水の摂取制限が実施されたことは記憶に新しいと思います。

「乳幼児には水道水を飲ませるな」と発表して、親たちをパニックに陥れたかと思いきや、その後、「まあ、完全にダメとは言わないが」といった感じで突然トーンダウンした日本政府の態度。

このとき、ぼくの頭には、「国家的ツンデレ状態」という言葉が思い浮かびました。あのときの憤《いきどお》りを表現するには、これがぼくにはいちばん最適な形容詞だったのです。

さて、政治や社会事象に対するメッセージも言えてしまう「〇〇状態」という言葉。

話せば長くなる複雑な状況も、これを使えば短くスパッと言いきれるので、ぼくがめざしているコメント術にはふさわしいテクニックです。

ここでも、上手に使うためには、やはり「似ているもの探し」のトレーニングが役立ちます。

身近な「ご近所トラブル」でたとえてみる

「3・11」の悲劇を経て、質問力がなければ生き残れない時代に突入しました。真実をつかむためには、与えられた情報を鵜呑みにしてばかりではいられないことを、だれもが実感として認識しはじめたのです。みずから疑問をもち、質問を投げかけていかなければ、場合によっては身の安全すら守れません。

そして質問力と同時に、コメント力も試されるようになったのです。

いま、この状況をどうとらえるのが正しいのか。自分なりの言葉で整理し、ときには声に出していかないと、難しい専門用語を羅列《られつ》して煙《けむ》に巻いているかのような情報の洪水に押し流されてしまいます。

身のまわりの「似ているもの探し」に目が向いたなら、そのベクトルを、さらに国際問題や政治・社会問題についてのコメントに活用してみましょう。それは、あなた自身の「ものを見る目」を養うことでもあります。

難しい問題を語るとき、ぼくはよく〝ご近所トラブル〟にたとえてみます。

福島第一原発事故の直後、日本政府は、放射性物質の汚染水を大量に海に垂れ流したことを認めました。近隣諸国になんの事前連絡や相談もなく。

風評被害につながってはいけませんが、放射能まみれの水をあれほど海にばらまいてしまって、はたしてほんとうに海洋生態系に影響はないのだろうか……。だれもが度肝を抜かれ、不安になったものです。

実際、この問題に関しては、太平洋をとりまく二〇カ国が本格的な海洋汚染調査を四年間かけて実施するチームを発足させました。

「そんなこともあったわね」などと忘れている場合ではありません。四年後、いやもう三年後です。調査した二〇カ国から、少なくとも総額二〇〇兆円を超える国際損害賠償請求がされるだろうと予想されているのです。もちろん、国民負担です。

たいへんな事態が起きているのに、事の重大さに気づかない。たしかに新聞やテレビの報道だけでは、核心をつかめないかもしれません。

いったいこの国は、何をしてしまったのか。

ぼくなりにこの問題を〝ご近所トラブル〟にたとえてみました。日本という〝家〟がどんなにひどいことをしたのか、身近なスケールに落としてみると、その本質が見えてくるように思います。

以下、ぼくのブログからの引用です。

「あの家、何か最近、変な煙が出てるわよね」

「それより気持ち悪い液体、ダラダラ流してね？」

「あのーすいません。最近うちから水をみなさんのお宅に流してしまってるんですが、あれ放射能的な」

「なんだよ。的なって」

「何で流す前にいわねーんだよ！」

「言おうとは思ってたんですけど」

「何さっきから当事者が煮え切らねー態度してんだよ！」

「的なとか言っててんじゃねーよ。だったらお前んち以外近所20軒で、あの水調べっから」

「4年ぐらい掛けて徹底的に調べてもっかい来るわ」

（「放射能汚染水問題をご近所トラブルに例えたら」より一部抜粋）


三年後、いったい日本という家はどうなってしまうのか。ただでさえ借金まみれだというのに……。

難解なことを翻訳できるプロになる

さて、このたとえは、感想を語る手法として第2章で紹介した「もし○○が、○○だったら？」の仮定形を使って、「もし日本という国が、自分の家だったら？」と考えてみるのと基本は同じです。

政治や社会に興味がない人でも、漢字だらけの新聞記事などいっさい読まない人でも、〝ご近所トラブル〟なら、身近な問題として考えることができるはずです。

こう考えてみると、たとえる作業は、難解でわかりにくい言葉を、自分の言葉に翻訳するようなものかもしれません。

理想は、インターネットの翻訳サイトのように、新聞で目にした問題を入力するだけで、たとえる機能が自動的に働いて、井戸端会議レベルの言葉に翻訳されること。共通点探しのテクニックさえ磨いていけば、それもきっと不可能ではないはずです。

政治や社会に関するコメントだけではありません。たとえる力は、もちろんビジネスでも大いに役立ちます。

たとえば企画のプレゼンや、自社製品のセールストーク。専門用語を並べ立てて「オレってプロ」と悦に入ってはいませんか。

もしくは、自分の企画や自社製品がいかに優れているか、その熱い思いを伝えたいあまりに、仕様書並みの細かいレベルで語っていませんか。

「当社自慢の独自の高画質回路、業界初の立体サラウンド……」

何ですか、それ？

せっかくの熱い思いも、相手に伝わらなければ、まったく意味がありません。

専門知識があればあるほど、難しい話を難しく、ときには簡単な話すら難しくしてしまう傾向にあるようです。みんながわからないような難しい話を簡単に伝えることができてこそ、真のプロフェッショナルと呼べるのだと思います。

難しい話をいかに簡単にかみ砕き、しかも、相手に「なるほど！」と納得してもらえるか。その最良の策として、たとえるテクニックを活用していきましょう。

「クラウド」をひと言でたとえてみよう

最近、インターネットの「クラウド」システムが注目されています。このクラウドについて、あまりコンピュータにくわしくない人たちに向けて、たとえを使って説明しなければならなくなりました。

さて、あなたなら、ひと言で何にたとえますか。

みなさんが考えているあいだに、ここでぼくなりにクラウドの説明をしておきたいと思います。

「クラウド」とは、これまで自宅や会社のパソコンやスマートフォンに保存していたデータを、インターネット上のサーバに保存できるサービスや使い方のこと。そのデータを、自分がどこにいようとも、手元のツールで閲覧、編集、アップロードできる。

英語表記は「cloud ＝雲」ですから、まさに雲の上に自分のデータがあるイメージでしょうか。雲の上にあるのだから、ネットさえつながれば、いつでもどこでも雲の上からデータを下ろしてきて仕事ができる。言い換えれば、自分では〝もたない〟ということなのです。

その雲の上のデータは、多くの人とシェア（共有）できるのも大きな特徴。同じプロジェクトに参加している人が同じデータを見ることができ、作業もできる。ですから、わざわざ一つの場所に集まらなくても仕事は進みますし、進行状況もひと目でわかります。

「あそこ変更になりました。メールで送りますから、見てチェックしてください」

こんなやりとりも必要なくなるのです。

クラウドを導入すると、会社のデスクにいる意味があまりなくなります。自宅にいようが海外にいようが、べつにかまわない。朝九時から夕方五時まで働かなくても、やるべきことが終われば、さっさと遊びにいってしまうこともできるのです。

毎日残業しているだけで「オレって忙しい」と〝仕事、やってます〟のポーズをとっていた人たちは、こうなると逆に生きにくくなるかもしれません。なにしろ、すべてがオープン&シェアなのです。「忙しそうにしているけど、たいして仕事進んでないよね」と、すべてバレてしまいます。

クラウドの登場は、仕事のやり方やライフスタイルに間違いなくパラダイムシフトを起こすはずです。

さて、いまの説明が参考になるかどうかわかりませんが、クラウドを何かにたとえられたでしょうか。

もちろん、たとえに正解はありません。どうたとえても自由なのです。

ちなみに、ぼくはこうたとえてみました。

「クラウドは、水道である」

水道とは、水が欲しいときだけ蛇口をひねるもの。いらないときは、またひねって止めておけばいい。欲しいときだけ引き出して、いらないときは返す。会社だろうが、自宅だろうが、出てくる水はあくまでも水です。まさに「クラウド」そのものではないでしょうか。

なぞかけにしてみれば、「クラウドとかけて、水道と解く。そのココロは、欲しいときだけものが出る」。

それにしても、クラウドという最先端のシステムが、じつは水道（あるいは電気でも）というアナログなインフラと似ているとは……。似たもの探しをしてみると、意外な発見があるものです。

いま抱えている企画、開発中の自社製品やサービス、これらをひと言でたとえてみる練習をしてみてはいかがでしょう。新しい気づきがあるかもしれません。

第6章

[逆質問]

納得できないまま答えてはいけない

失礼な質問、ピントはずれな質問にはどう答えるべきか。
質問に質問で答えて相手のニーズを探る力技の極意。

「逆質問」で自分のペースを取り戻す

質問術では、相手にいかに心地よく話してもらえるかが大切でした。お風呂に入っているかのように、相手の気持ちをポカポカと温めつつ、徐々に核心に迫っていく。無理やりしゃべらせるのではなく、みずから「話したい」という気持ちにさせるのがいい質問者です。

この質問術を使うと、ほとんど相手がしゃべりっ放し。いよいよ気持ちが乗ってくると、傍目《はため》には、質問する側はただ相づちを打っているだけに見えるかもしれません。「あなたになら話したい」。相手を乗せた時点で、すでに主導権は質問する側にあるも同然。〝信頼〟という武器を手に入れて、あとは、ときおり合いの手を入れるくらいで、話の方向性を自由に操っていけるというわけです。

さて、そんな質問の名手になれたとして、自分が質問に答える番になると、「相手に主導権を握られてしまうかも」と不安になるかもしれません。

でも、そんなことはありません。コメントする側になっても、自分のペースを守れる方法があるのです。

それが「逆質問」というテクニック。

会話のキャッチボールがうまくいかないとき、この質問の流れだとあまりいいコメントが出せそうにないと思ったとき……。

コメントをいったん保留して、逆にこちらから質問を返すことで、話の流れは変えられる。自分の質問で、自分が気持ちよく話せる状況をつくりだそうというのです。

気乗りしないまま、ただなんとなく聞かれたことに答えるのは時間と労力のムダ。逆質問で、ワンランク上のコメントを生み出しましょう。

相手のニーズは直接聞いたほうが早い

「初恋の相手はどんな人だったんですか？」

これは、『相手に9割〜』でぼくがおすすめした質問例の一つです。

恋の話は、だれもが無意識に語ってみたいネタ。しかも、初恋ならすでに過去のことですから、打ち明けても、そうそう不都合は起きません。相手の人柄を知ることもできて、会話のとっかかりとしては、なかなかにいい質問だと思います。

では、自分がこの質問をされたらどう答えるでしょう。

ぼくなら、こんなときこそ逆質問を使います。べつに答えをはぐらかそうとしているわけではありません。ただ単純に、いい答えを出したいと思うからです。

ひと口に初恋といっても、いろいろあります。幼稚園のときの幼い恋、小学生のときの淡い恋、中学生のときのリアルな恋……。

いろいろあるけれど、コメントを求められているのはいったいどの初恋？

ぼくの性分でしょうか、そんなふうに先回りして相手の要望を聞きたくなるのです。

そこで、逆質問。

「どのパターンでいきましょうか？」

もちろん、質問しないで勝手に言いたいことを話してもいいんです。

「四歳のときに、幼稚園の○○ちゃんのことが好きになって……」

でも、もし相手が「聞きたいのは、もっとマジな初恋なんだけど……」と内心思っていたとしたら、そのズレが気になります。最初にボタンをかけ違うと、最後まで話がギクシャクしたままになりかねないからです。

答えの範囲が広い質問、解釈がさまざまできて誤解を生みそうな質問。そんな質問を受けたときは、逆質問で相手の質問の意図を探り、焦点を絞り込んだほうがいい。相手のニーズを探るのです。逆質問は一種の情報集めといえます。

抽象的な質問はスモールサイズにしてから答える

答えの範囲が広い質問といえば、もっと壮大なものもあります。

「おちさんにとって、正義とは何ですか?」

「愛とは何ですか?」

答えられますか、こんな抽象的な質問。

しかしここで、「わかんないですね、そんなこと」では、何も生み出せません。次元の高い質問をされたら、まずは、その質問をかみ砕いていくのがポイントです。

あなた「じゃあ、正義のどこから話しましょうか? どんな場面を想定しますか?」

相手「そうですね。じゃあ、仕事の正義とか」
あなた「なるほど。では、仕事の正義って人間関係のことですかね？」
相手「そうかもしれません」
あなた「信頼関係とか？」
相手「はあ、そうですね」
あなた「じゃあ、あなたはどんなときに裏切られたと感じますか？」

このように、少しずつこちらの逆質問をダウンサイズしていくのです。そして最終的には、相手の質問を最小レベルにしてしまう。コメントするのは、それからです。

逆質問なしに、いきなり「正義とは悪に立ち向かうことです」などとカッコつけた答えを出したところで、抽象論の応酬《おうしゅう》であとが続きません。

また、同じ逆質問でも「じゃあ逆に聞くけど、君にとって正義とは何？」と、相手を窮地《きゅうち》に追い込むのは感心しません。たんなる時間稼ぎでしかありませんし、結局のところ、自分は何も考えていないことによる逃げにすぎないと思われてしまいます。

社交辞令をリアルな質問で「現実」にする

第5章でも書いたように、時代は大きく変わりつつあります。

仕事のスタイルや時間の使い方はより効率を求められ、「忙しいのがえらい」といった発想は旧時代の産物。クラウドに代表されるように、すべてがオープン&シェアですから、ウソやハッタリは容易に見抜かれてしまいます。

「最近、どう？　忙しいの？」

「まあ、ぼちぼちです。貧乏ヒマなしですよ」

フラットな時代がやってきたというのに、いつまでもこんな社交辞令のやりとりでは、なんだか虚しく感じられませんか。心にもない質問に、当たり障りのない言葉を返してテキトーにお茶を濁す……。大人の腹芸は、そろそろやめにしたほうがいいと思うのです。

ここはあえて、真っ正直に対応してみてはどうでしょう。

「今度、一杯つきあってくださいよ」と言われたら、すかさず「いいですね。いつにしますか？」と質問で返す。

「たまには遊びにきてくださいよ」と言われたら、「もちろん行かせていただきます。ご住所を教えてくださいますか。たしか港区ですよね？」と質問しつつ、メモの用意。

社交辞令を社交辞令として受け流さず、現実にするのです。

こんなふうに、いつでもフラットに生きていれば、「この人、いまこんなこと言ってるけど、内心はどうだか」と腹を探り合ったり、ストレスを抱えるほどの駆け引きをしなくてもよくなります。

万が一、相手の本心がわからなくなったとしても、そのときはストレートに「マジっすか？」と聞けばいいだけのことなのです。

「なんでって、なんで？」の質問返し

年齢、学歴、年収、はては「結婚しているんですか？」といった質問は失礼であると、質問術では書きました。しかし、自分は決してこんなことは聞かないのに、相手から質問されてしまうことはたまにあります。

もしあなたが独身だとして、相手に悪気はないにしても、無邪気に「なんで結婚しないの？」と聞かれたら、どうしたらいいでしょう。

土足でプライバシーに立ち入る無神経な質問とはいえ、怒ったり、凍りついて黙り込んでしまったら、当然、その場は気まずい空気に……。さてこんなとき、何か気の利いたひと言を返すことはできるでしょうか。

いちばん単純な方法は、これです。

「なんで結婚しないの？」

「なんでって、なんで？」

要するに、そんなことをわざわざ聞いてくるのには理由があるはずだから、その理由を述べよ、というわけ。なぞかけで言うところの「そのココロは？」の部分を聞き返すのです。常識をわきまえた人なら、たいていはそこで自分の失言に気づくはずです。

失礼な質問や意味のわからない質問には、この方法を使うのがいいでしょう。

「それ、何目的で聞いてるの？」

自分が答えることで、何か役に立つ話につながったり、おもしろいオチにつながるなら、答えてもいいのです。もし相手の「そのココロは?」に納得できなければ、答える必要はないと思います。

その代わりに、「じゃあ、こんな話はどう?」と提案して、相手のニーズに別のかたちで答えてあげる余裕があれば、なおいいでしょう。

「オレっすか?」は最悪の逆質問

たったいま、会社の会議で、大きなプロジェクトにゴーサインが出されようとしています。このプロジェクトには、企画段階であなたのアイディアも採用されました。決定すれば、鼻が高い気がしなくもない。

でも……。話がどんどん大きくなっている。万が一、担当なんかにさせられたら、忙しいんだろうな。出張、休日出勤、面倒くさいだろうな……。

そんなことを妄想していると、突然、あなたの名前が呼ばれます。

「じゃあ担当は……〇〇、おまえだ」

「えっ、オレっすか?」

さて、こんな場面で思わず口から飛び出した「オレっすか？」。これはとっさの反応であると同時に、あなたの無意識が語った逆質問です。

しかし、ぼくの考えでは、このタイミングでの「オレっすか？」は、最悪の逆質問なのです。

このひと言を口にしてしまったら、あとの展開はどうなるでしょう。

「オレっすか？」

「そうだよ、おまえだよ」

これで話は終わり。あとはもう引き受けるしかないからです。

もちろん、あなたがやる気満々なら、なんの問題もありません。でも、思わず「オレっすか？」の言葉が出てしまったということは、あなたのなかには、自分が担当することに対する不満や不安、腑《ふ》に落ちない何かが必ずあるはずです。

それなのに、「オレっすか？」で終わらせてしまったら、もうそのモヤモヤを解消するチャンスは二度とありません。あとで「こんなはずでは……」と上司に泣きついたところで、「やるって言ったじゃないか」と言われるだけです。

この場で必要な逆質問は、「なぜ自分なのか?」を自分が納得するまで、とことん質問することではないでしょうか。もっといえば、「実際に担当になったときに、自分に求められる責任の範囲」まで質問でリサーチして、「ぼくはこれをやればいいんですね」と、その場で言質《げんち》を取ってしまうことなのです。

「申し訳ないですが、雰囲気で言ってませんか? なぜオレなんですか?」

「だって、おまえ、○○のアイディアを出しただろ」

「○○のアイディア、他社でもやっていませんか?」

「いや、ない。意表を衝いたいいアイディアだと思う。正直、おまえを見なおしたよ」

「でも、○○の件、実際のところ工場を説得できますかね?」

「そこはオレと常務とでやるから、大丈夫だ」

とにかく、納得するまで、しつこいくらい質問をくりかえすこと。あやふや、うやむやは結局、自分が損をするだけなのです。

「プレゼンテーション」の前に「オリエンテーション」

いまの話もそうですが、コメント力以前に、若い人たちの質問力が低下している気がしてなりません。

プランニングの仕事を例にとれば、企画をつくるときは、まず相手のニーズを徹底的に探り出すことが基本中の基本です。

そのために何より重要なのが、オリエンテーションの場。ただ相手側の説明を聞くだけではなく、突っ込んだ質問で隠れたニーズまで掘り起こしてこなければ、いい企画は生まれません。

ところが、そのオリエンテーションがなおざりなのです。

「この部分、先方は何と言ってたの?」

「あっ、それは何も言ってませんでした」

これで終わり。説明がなければ、自分から質問して聞いてくるべきでしょう。

その場で聞けなければ、飲みに誘ってでもいいから聞き出さなければ。

そんな単純な発想とスキルが見当たらないのです。

質問しないまま企画を練って、プレゼンテーションに臨む。それではまるで、取り調べなしで犯人を逮捕するようなもの。

「コンペ、負けました」。それは負けるでしょう。

コメントがプレゼンテーションなら、質問はオリエンテーションです。

どんなに斬新でおもしろいコメントも、相手の気持ちに共鳴しなければ意味がない。

まずは取り調べ、いえいえ、質問なのです。

優秀な営業マンは相手の質問を誘発する

よくショップに行くのですが、不景気で売り上げが下がっているからでしょうか、最近、店員の距離感が近すぎるように感じることがあります。まるで、バスケットボールのマンツーマンディフェンスのように。

しかも、決まって出てくる質問がひどすぎる。

「何かお探しですか？」

マニュアルなのでしょうが、そんなふうに迫られたら、店を出ていきたくなるとなぜわからないのだろう。

「それ、お似合いですよ」

「お手に取ってくださっていいですよ」

「試着できますよ」

「サイズあるので言ってください」

申し訳ないけれど、手に取れるのも、サイズがあるのも、店なのだから当たり前。

聞きもしないのに、商品知識を一方的にまくしたてられるのにも閉口します。洋服にかぎらず、最近は、たいていの人がネットで事前に情報収集しています。ヘタな知識なら「オレのほうが知ってるよ」と、逆にバカにされてもおかしくない。

やたらと声をかけてくるわりには、相手の気持ちをまったくつかめていない。これでは、煩《わずら》わしいリアルショップからネットにお客さんが流れるのも、不思議ではないように思います。

そんなことも気づかず、客に「この人、うるさいなあ」と思われるようでは、販売員や営業マンは失格でしょう。

そんななか、これは、と思った声がけがありました。

「それ、今日入ってきた商品なんですよ」

いくら情報通でも、今日入ってきたかどうかまではわかりようがありません。店員にしか知りえない情報、そこに価値を感じるのです。

このひと言で心がグラつきます。そしてふと気づけば、店員は何も言っていないのに、買う気満々に。「じゃあ、この新しいので別の色はありますか？」と、ついついこちらのほうから質問しているではないですか。

優秀な人は、自分から質問するだけではなく、逆に相手に質問させてしまうコメント力をもっているものです。

トップ営業マンと呼ばれる人には、無口が多いと聞きます。まさに相手に九割しゃべらせておいて、最後の最後に「でも、高いんでしょ？」とその気で質問させる。商談成立に向けた確固たる戦略があるのです。

クレームをつける前に「これ、合ってる?」

グラスシャンパンを頼んだら、運ばれてきたグラスを見て驚いたことがあります。なんと、シャンパンが底のほうにほんのちょっぴり。

しかも、そのちょっぴりぶりたるや、これはドッキリなのかと疑いたくなるほどなのです。

——これ、少なくないか? いや、やっぱり少ない。何かの間違い?

瞬時に思いをめぐらせ、運んできた店員にぼくが言ったひと言。

「これ、合ってる?」

「少ないよ!」とクレームをつけたわけでもなく、腹を立てたわけでもありません。ただの確認です。だれも傷ついていません。

店員のたんなるミスかもしれませんし、もしかしたら、一万分の一くらいの確率で、「その量がその店のルール」なのかもしれません。だとしたら、それで「合ってる」わけですから。

みなさんも多かれ少なかれ、これと似た経験があるのではないでしょうか。

不当（と思われる）言葉をぶつけられた。

不当（と思われる）扱いを受けた。

もっと単純に、お釣りを間違えられたなどもあるでしょう。

そんなとき意外とできないのが、「これ、合ってる？」という確認なのです。

確認してみたら、こちらの誤解だと判明することもあるでしょう。案の定「合ってない」こともある。

いずれにしても、その確認段階をすっ飛ばして、「冗談じゃない！」「店長を呼べ！」と、一足飛びに怒りを爆発させてしまう。いわゆるクレーマーには、そんな人が多いような気がします。たんに確認すればすむことに、最初から怒りの感情を加えてしまっているのです。

もちろん、怒るべきときはあります。

でも、まずは事実をデフォルメせずに、フラットに見る視点を身につけたい。

ムカッと腹が立ったとき、カチンときたとき、「これ、合ってる？」の質問が、自分を平常心に戻してくれると思います。

ちなみに、ぼくのシャンパンは、やはり合っていませんでした。あとで店長が駆けつけてきて、平謝りでグラスをいっぱいに満たしてくれたのでした。

第7章

[インターネット]

フォロワーの数よりオピニオンで勝負する

ウソをつかない、主張をころころ変えない、批判を恐れない。
「フラット」を貫くネットコミュニケーション術とは?

〝自分ブランド〟を売り込む時代がやってきた

ブログやツイッター、フェイスブックなど、ソーシャルメディアのコミュニケーション環境が飛躍的に高まっています。実名化もどんどん進み、これからは組織の看板に頼るのではなく、一人ひとりが〝自分ブランド〟となって世界へ打って出る時代です。

そんななか、ますます大切になるのが、ネット上で何をどう伝えるか。ここでもまたコメント力が試されます。

「アクセス」や「フォロワー」「友だち」の数を増やすことに一喜一憂するレベルは、もう卒業したいものです。自分のネットワークは〝数〟で広げるのではなく、〝オピニオン〟でつなげていきたい。そのために必要なのがコメント力なのです。

ネットコミュニケーションでも、コメントはやはり用意しないこと。

「あのキーワードを書き込めば注目される」

「こんなことを書けばバッシングされないはず」

事前に発言効果をシミュレーションせず、いまこの瞬間に感じたこと、考えたことを素直に書くのがいちばんだと思うのです。

ぼくはおもにブログとツイッターを活用していますが、ツイッターは約一分、ブログは五分から十分の短時間で書き上げることにしています。自分にあれこれ考える時間を与えると、外から入ってきた余計な情報がないまぜになって、自分がほんとうに書きたいことがボヤけてしまう気がするからです。

慣れないうちは、「こんなこと書いたら、どう思われるだろう?」と不安になることがあるかもしれません。でも、「どうせだれも読まないよ」と開きなおるくらいでちょうどいいのではないでしょうか。

人の意見を気にせずに書いてみれば、「私ってこんなこと考えていたのか」と、これまで気づかなかった自分の本心があぶり出されてくることもあります。

文章なんかヘタでもいい。まず、書いてみることが大事です。

一四〇文字あればけっこう語れる

ツイッターはわずか一四〇文字のメディアです。そんな短い文章でも、その気になれば、文字数以上に言いたいことを伝えられます。

「努力とは馬鹿に与えた夢。学問とは貧乏人の暇つぶし。未来とは修正できると思ってる過去」

これは、亡くなった落語家の立川談志さんの言葉ですが、五〇文字すらありません。それでいて、ここには深い人生観が眠っていて、笑いあり皮肉ありと、いろいろな要素が詰まっています。生前の談志さんがもしツイッターをやっていたら、読んでみたかったなとつくづく思います。

さて、こんなに大きなポテンシャルをもった世界なのに、どこかで聞いたようなだれかの意見をそのまま書き込んだり、「私もそう思います」とリツイートするだけでは、もったいないと思いませんか。

第4章で紹介したように、自分なりの格言を一日一個つくってみるのでもいい。人、物、出来事、状況……分野を問わず一日一個、何かをほめてみるのでもいい。何を書くかは本人の自由なのですから、テーマを決めて、一四〇文字のオリジナルコメントをつくってみてください。

基本的にはだれが何を書いても自由ですし、立場や境遇の違いを乗り越えて、だれがだれとつながっても自由。そんなフラットな精神が、ソーシャルメディアのいいところなのです。

ツイッターの場合なら、コミュニケートしたくない相手はブロックできるのがルールですし、そもそもフォローするのもしないのも自由。「そんなにイヤなら見ないでください」というシンプルな論理が通用するのもまた、こうしたメディアのよさなのです。

ルールやマナーさえ心得ていれば、あまり神経質になる必要はないでしょう。

ぼくの場合、少々悪意のある書き込みに、「それは、こういう理由で間違っているんじゃないですか」と反論することもたまにあります。

ころころと意見を変えたり、妙に媚びたりせず、いつもフラットな自分でいれば、相手にもそれが伝わるものです。

ネットの世界でも「○○気取り」は嫌われる

コメントを書くときに注意したいのは、自分のポジショニングです。

フラットなメディアだからこそ、立ち位置もフラットに。あくまでも、自分は自分の目線で語るべきです。評論家気取り、学者気取り、英雄気取り、有名人気取り、セレブ気取り……。自分を高く見せるために、何かを気取ってはいけません。

よくあるのが、多忙気取りです。

「みんな〜、ブログ更新できなくてゴメンね。忙しくってさ」

正直言って、だれもそこまであなたのブログを待ってない。

忙しいことがえらい時代はとっくに終わりました。そもそも忙しさなど、だれかと比較できるものではない自分の感覚にすぎず、人間の許容量の少なさと効率の悪さを自慢しているという、たいへん恥ずかしい行動なのです。多忙を語ったとたん、バカにされる可能性がありますから注意しましょう。

そのくらい、ネットの世界は敏感なのです。

「あの映画、おもしろかった」と感想を書くのはフラットでも、「あの映画、絶対に観にいったほうがいい」と書けば、ポジショニングを間違えたコメントに見えてしまいませんか。上から目線の押しつけがましさがどうしても漂《ただよ》うからです。

たとえ内容はよくても、問題はその伝え方。少しでも気取った臭いが混じれば、コメントの命は奪われてしまうのです。

ウソはつかない

最近、「日本のフェイスブックユーザーの約七割が、フェイスブックを利用することで、なんらかのストレスを体験している」といった調査結果がニュースになっていました。

そのストレスの一つが、「知人や友だちのフェイスブック上でのふるまいに違和感を覚えたことがある」というもの。その最たるものが「リア充」を演じることです。

「オレって社交的だから、毎日忙しくてもうたいへん」

「けっこう飲んでるほうだけど、このワインはまあまあかな」

こんな発言で、ほんとうの自分とは違う理想のキャラを演じてしまう人がいると思います。程度の差はあれ話を盛って、リアルとはズレた虚言で見栄を張ったり、知ったかぶったり。「仮面ブロガー」とでも言いたくなります。

そんな友人の姿を見るのは正直うんざり。想像するに演じているほうも、本音ではきっとかなり疲れているのではないでしょうか。

「先輩や上司の友だちリクエストは、嫌でも承認せざるをえない」と思っている人もいます。リアルな生活だけでもストレスなのに、ネットというもう一つの世界でも疲弊《ひへい》していく……。なんだかおかしな話です。

面と向かったコミュニケーションであれ、ネット上のおつきあいであれ、いつ、どこで、だれと話しても疲れないコツ、それはウソをつかないことです。

見栄を張って何か一つウソをつけば、そのウソを取り繕《つくろ》うために別のウソをつかなければならなくなって、そのうちボロが出てしまう。

とくに子育て話。二歳になった娘があることをしたとブログで報告すると、わざわざ次のようなコメントをしてくる人がいます。

「二歳児って、そうなんですよ～」

こんな知ったかぶりに、なんの意味があるのでしょう。

ぼくは、ディテールにいたるまで、できるかぎり盛った表現は使わないように心がけています。二日休んだのに「毎朝、走っています」とは書かない。まあまあなのに「超楽しかった」とは書かない。

喜怒哀楽は大げさに伝えたくなりがちですが、余計な修飾語はつけず、あくまでもフラットに。ふだんから媚びないからこそ、「あの映画、おもしろかった」が「ほんとうにいいと思ってるんだろうな」と、信用につながるのだと思います。

ウソはつかない。こんな簡単なルールを守るだけで、ネットの世界を自由に楽しみ、活用することができるのです。

「王様は裸だよ」と言うことがコメント力ではない

前にも書いたように、いいコメントとは「みんながうすうす気づいていて、でも言葉にできなかったことを言語化したもの」ではないでしょうか。

「それそれ、それが言いたかったんだよね」と、多くの人が共感できるコメントが話題になるのは、フェイス・トゥ・フェイスでもネット上でも同じです。

さて、ぼくがブログを始めてからもう十年になります。日常生活や家族のことから、仕事や政治・経済、社会問題にいたるまで、つねにフラットな視点であることを自分に課して、疑問に思ったこと、感じたこと、考えたことを書いてきたつもりです。

それがたまたま共感を得て、「おちさん、よく言ってくれました」と言っていただくこともあります。

その多くは、「みんなが具体的な言葉にできなかったもの」。勘違いしないでほしいのは、正論ならなんでもかまわないかといえば、それは違います。

裸の王様を見て「王様は裸だよ」と、みんなに大声で伝えることがコメント力ではないのです。ネットコミュニケーションで注意しなければいけないのは、じつはその点です。

「裸の王様に、裸と言って何が悪い」

その勘違いが、誹謗中傷《ひぼうちゅうしょう》を生むのだと思います。

ところで、ある日のレストラン。食事を運んできたウェイトレスが、ぼくの目の前にお皿を置こうとしました。

ここまでは当たり前の風景です。問題は、彼女がスマホを打っていたぼくの手をどかしてまで、そこにお皿を置こうとしたこと。

テーブルは広いのに、なにもそんなピンポイントで目の前に置かなくても……と、唖《あ》然《ぜん》としてしまいました。ガラガラの店内です。なんならとりあえず隣のテーブルに置いてくれてもいいくらい。たったひと言、「こちらに置いておきますね」ですむはずです。

マニュアルどおりで、肝心のサービスの本質を考えようともしない。

ときどき、こんなバカバカしい出来事に遭遇します。マニュアルは仕事の効率を高めたかもしれませんが、人間の思考を停止状態に追い込んでしまったのかもしれないと感じてやみません。

そんなことを、一四〇文字に要約して、さっそくツイッターでつぶやいたところ、賛否両論、さまざまなコメントが飛び交いました。

そのなかで、「またか」と脱力させられたのがこんなコメントです。

「ウェイトレスさんだって、がんばっているんです！」

論点は、そこではありません。

ぼくが言いたかったのはマニュアルの功罪であって、個人の人格や「がんばっているかどうか」じゃないのです。

ブログやツイッターをやっていて気づくのは、じつはこのタイプのコメントがかなり多いということ。文章のある一部分だけに過剰反応して、正論で論点を歪《ゆが》ませ、ズラしていく……。本人は「正しいこと」を言ったつもりでも、それは人を貶《おとし》める巧妙なすり替えにすぎません。

正当な批判は受けて立ちますが、論点がズレていては議論にもならないのです。

一方的な怒りでは人を動かせない

「木を見て、森を見ず」という有名なことわざがあります。

仮に国際省エネ対策会議というものがあって、「その会議室で、いったいどれほどの電気が消費されているかおわかりですか！」とかみつく人には、〝木〟しか見えていません。地球規模でエネルギーをムダにしないためにはどうしたらいいか、〝森〟は見えていないのです。

あるアメリカ人アーティストは、訪日拒否の理由を聞かれて、「クジラを殺すような野蛮な国へは行きたくありません」と、ミンクの毛皮姿で答えたとか。

この人には、自分という〝木〟が見えていなかったのでしょう。

細部にズームインする「寄り」の視点と、ズームアウトして全体を見る「引き」の視点。どちらも必要なのです。時と場合に応じて二つの視点を切り換える。それが、考えるということではないでしょうか。

だれかのツイッターの何気ないつぶやきが、企業を動かし、政治や社会を変える突破口になる時代です。「ここがおかしい」「矛盾している」「不公平だ」「ウソっぽい」など、世の中に対する自分の気づきを積極的に発信している人も少なくありません。

ところが、どんなに熱い気持ちで問題提起しても、なぜか人に伝わらないコメントがあります。伝わるどころか、逆に批判されて大炎上することも。

その原因の一つが、木か森のいずれかしか見ていない怒りにあるような気がします。

「ここがおかしいのではないか？」と客観的に問題点を述べるのではなく、「あいつら、地獄へ堕《お》ちろ！」「冗談じゃない、どうしてくれるんだ！」と、怒りの感情をぶちまけてしまう。言ってみればそのコメントは、把握力の欠如を露呈しているのです。

人の怒りに触れるのは、だれしもあまりいい気持ちがしません。「この人、冷静じゃないな」と思うと、読みつづけるのもゲンナリします。

第6章でも少し書きましたが、怒りでは、人の心を動かせないのです。ましてやそれが、正義の仮面を被《かぶ》った一面だけの視点だったら、なおさらのこと。

問題に気づくきっかけは怒りだったかもしれません。でも、それを伝えるときは、やはりフラットが鉄則なのです。

語尾は言いきらないほうが伝わりやすい

どんなにいいコメントも、相手に伝わらなければ、なんの意味もありません。

とくにネット上のコメントは文字として残ってしまうだけに、深読みされて誤解を生むこともあります。自分の気持ちを正確に伝えるためには、言葉の選び方や表現方法に細心の注意を払わなければなりません。

では、どうしたらいいのでしょう。

じつは、ぼくのブログには、より伝わりやすくするための仕掛けがあります。仕掛けなどと言うと、まるで〝だましのテクニック〟のようですが、決してそうではありません。

先ほどの怒りの話ではないですが、読む人にゲンナリされたら終わりです。そこで、なるべく気分よく最後まで読んでもらえるように、嫌われそうな表現は避けているというだけの話です。

注意している点の一つ目は、「○○ですよね？」「○○することはないですか？」などと、同意を求めないこと。

勝手に自分の意見を書いているだけなのに、同意を求めるのは、なんとなく押しつけがましさが漂うと思うからです。「私、違うけど」とムッとされたら、もうそれ以上は読んでもらえなくなります。

二つ目は、「○○な気がする」「○○ではないだろうか」と、できるかぎり語尾を断定しないこと。この本でも使っていますが、それ以上にブログでは多用しています。

自分の発言に自信がないからではありません。ただ、やはり勝手に書いているだけのコメントなのに、断定するなどおこがましいと思うのです。ぼく自身、だれかのブログを読んでいて、「オレの言うことが正しい」とばかりに断定されたら、読む気が失せてしまうかもしれません。

だから「○○な気がする」なのです。

ブログではかなり核心に斬り込んで書くことが多いのですが、「まっ、彼が『気がしている』だけなのだから、いいか」と、冷静に読んでもらえるのではないかという思いもあります。

いずれにしても、最優先したいのは相手に伝わることです。ただ思いのたけを書き散らすのではなく、読み手の心にストンと入っていきやすい文章表現を心がけたいと思っているのです。

エピローグ

ブレない姿勢がいいコメントを生む

たったワンアクションがコメントに差をつける

コメントがうまい人は、アナウンサーのように話し方がうまいわけでも、斬新なボキャブラリーを駆使しているわけでもありません。

でも、話はおもしろくて、ふつうの人とは何かが違う……。

その理由を考えていたとき、ふと思い出したものがあります。

「甘栗むいちゃいました」

そう、みなさんご存じのあのヒット商品。いまや、どのコンビニでもスーパーでも目にしないことがないほどです。

そのむかし、甘栗は日本人が大好きな食べ物でした。けれども豊かな時代になって、いつのころからか、みんな甘栗のことを忘れてしまった。ほかにもおいしいものがいっぱいあるし、べつにわざわざ甘栗なんか食べなくてもよくなったからです。

そんなとき突然、現れたのが「甘栗むいちゃいました」でした。

この商品、入っているのは、以前と同じ、たんなる甘栗。それなのに、「皮をむく」

という、ただそのワンアクションを加えただけで、みんなの心をわしづかみにしてしまいました。

「そうだ、皮をむいちゃえ！」

その小さな気づきが、見捨てられた甘栗を救済したのです。いいコメントと、そうでないコメントの差。これも気づきの差だと、ぼくは思いました。

甘栗の皮をむくというワンアクションを、コメントに置き換えたらどうなるか。

この本では、それをいろいろな角度から考えて紹介してきたつもりです。

たとえば、「用意しない」というワンアクションは、どこかの古いキャッチコピーの使いまわしだったコメントを、自分の言葉に生まれ変わらせてくれます。

「即レス」というワンアクションは、コメントの中身は同じでも、そこに説得力というパワーを生み出します。

そして「たとえる」のワンアクションは、まさに皮をむいただけで、手軽で食べやすい商品に生まれ変わった甘栗同様、難しくて食えない話を、わかりやすくておもしろいコメントに変えてくれるのです。

「逆質問」のワンアクションもまた、これまでの常識を覆《くつがえ》した「甘栗むいちゃいました」の発想と同じ。「こちらが答える側なのに、逆に質問する」という常識の逆転で、おもしろいコメントを掘り出すテクニックなのです。

コメントがヘタな人も、いつもの自分にワンアクション加えれば、きっと変われるはず。自分ができそうなところからチャレンジしてみてほしいのです。

「必要以上に○○しない」姿勢

さて、この本でも「フラット」という言葉が何度も出てきたはずです。

フラットは、ぼく自身が〝人生の指針〟とする言葉。いつでもどこでも、また、だれを相手にしてもブレない自分でありたいと思っています。

長引く経済不況、安定しない政治や国際情勢、異常気象の脅威……。いつ何が起こるかわからない混沌《こんとん》の時代です。どんなときも冷静な判断と対応ができる自分でいるためにも、フラットな姿勢は、これまで以上に大切になってくると信じてやみません。

また、こんな時代だからこそ、コメントにも覚悟と責任をもたなければなりません。

東日本大震災後に飛び交った、不安を煽《あお》るだけの無責任な情報やデマ、流言が、いかに社会を混乱させ被害を及ぼしたか、まだ記憶に新しいところです。

あの体験を反面教師にして、これからは、コメントにもフラットという指針を取りつけるべきではないかと思うのです。

「フラット＝ふつう」でいいんだよね？

そう思っても、その「ふつう」がなかなか難しい。

テレビ番組のプロデューサーとして、ぼくはタレントさんを「ふつうでいいですから」と送り出すことにしています。タレントさんのようにしゃべり慣れている人でさえ、がんばろうとしている人に「がんばれ」とたたみかけると、かえって混乱してしまうのです。「がんばれ」というコメントは、ときに人を傷つけることもあると思っています。

そこでぼくが考えた「ふつう」でいるための条件、それが「必要以上に○○しない」というキーワード。どんな状況でも、必要以上でなければ、自分をフラットな状態にとどめておけると思うのです。

必要以上に、笑わない。
必要以上に、怒らない。
必要以上に、泣かない。
必要以上に、感謝しない。
必要以上に、感動しない。
必要以上に、力まない。
必要以上に、大声を出さない。
必要以上に、長くしゃべらない。
必要以上に、へりくだらない。
必要以上に、威張らない。
必要以上に、リアクションしない。
必要以上に、形容詞を使わない。

こうして並べると、「なんだかストイックで寂しい人生になりそう」と思う人がいるかもしれません。でも、これはあくまでもコメントの表現についての基準です。それぞれの生き方や趣味においては、必要以上にやるべきこともあるでしょう。

必要以上に働いてみたり、必要以上に勉強したり、必要以上に走ったり……。

もちろん、それはその人しだい。大いにやっていただいていいのです。

大切なのは、自分の背骨を曲げず、自分を信じ、自分の言葉で周囲の人や世の中に向けて、自分の考えを発信していくこと。発信することで、自分自身の可能性をどんどん広げていくことなのです。

この本に書かせていただいた考え方やテクニックが、みなさんの一助となれば嬉しいです。

最後までおつきあいいただき、ありがとうございました。

二〇一二年六月

おちまさと

おちまさと
1965年12月23日東京都生まれ。プロデューサー。数多くのヒット番組の企画・演出・プロデュースを手がける。さらに、WEBサイトやSNSゲームをはじめ企業ブランディングやジャンルを越えたコラボ企画のプロデュース、ファッションからマンションまでさまざまな分野のデザインなど、その活動は多岐にわたる。「対談の名手」として雑誌や書籍のインタビュアーを務めることが多く、またブログやツイッターが高いアクセス数を誇り情報キュレーターとしても信頼度が高い。
単行本のプロデュース兼自著として『「気づく」技術』(ダイヤモンド社)、『フラットに生きる50の指針』(ベストセラーズ)、『小沢一郎総理(仮)への50の質問』(扶桑社)、『ありがとうの約束』(絵本、PHP研究所)、『人間関係は浅くていい。』(扶桑社新書)、『相手に9割しゃべらせる質問術』(PHP新書)など多数ある。

公式ブログ http://ameblo.jp/ochimasato/
公式ツイッター http://twitter.com/ochimasato

編集協力——金原みはる

PHP新書

PHP INTERFACE
http://www.php.co.jp/

とっさのひと言で心に刺さるコメント術

PHP新書 810

二〇一二年八月一日　第一版第一刷

著者――おちまさと
発行者――小林成彦
発行所――株式会社ＰＨＰ研究所
東京本部――〒102-8331　千代田区一番町21
新書出版部 ☎03-3239-6298(編集)
普及一部 ☎03-3239-6233(販売)
京都本部――〒601-8411　京都市南区西九条北ノ内町11
組版――アイムデザイン株式会社
装幀者――芦澤泰偉＋児崎雅淑
印刷所
製本所――図書印刷株式会社

ISBN978-4-569-80495-8

ＰＨＰ新書刊行にあたって

「繁栄を通じて平和と幸福を」(PEACE and HAPPINESS through PROSPERITY)の願いのもと、ＰＨＰ研究所が創設されて今年で五十周年を迎えます。その歩みは、日本人が先の戦争を乗り越え、並々ならぬ努力を続けて、今日の繁栄を築き上げてきた軌跡に重なります。

しかし、平和で豊かな生活を手にした現在、多くの日本人は、自分が何のために生きているのか、どのように生きていきたいのかを、見失いつつあるように思われます。そして、その間にも、日本国内や世界のみならず地球規模での大きな変化が日々生起し、解決すべき問題となって私たちのもとに押し寄せてきます。

このような時代に人生の確かな価値を見出し、生きる喜びに満ちあふれた社会を実現するために、いま何が求められているのでしょうか。それは、先達が培ってきた知恵を紡ぎ直すこと、その上で自分たち一人一人がおかれた現実と進むべき未来について丹念に考えていくこと以外にはありません。

その営みは、単なる知識に終わらない深い思索へ、そしてよく生きるための哲学への旅でもあります。弊所が創設五十周年を迎えましたのを機に、ＰＨＰ新書を創刊し、この新たな旅を読者と共に歩んでいきたいと思っています。多くの読者の共感と支援を心よりお願いいたします。

一九九六年十月

ＰＨＰ研究所

PHP新書

［歴史］

005・006 日本を創った12人（前・後編） 堺屋太一
061 なぜ国家は衰亡するのか 中西輝政
146 地名で読む江戸の町 大石 学
286 歴史学ってなんだ？ 小田中直樹
384 戦国大名 県別国盗り物語 八幡和郎
446 戦国時代の大誤解 鈴木眞哉
449 龍馬暗殺の謎 木村幸比古
505 旧皇族が語る天皇の日本史 竹田恒泰
591 対論・異色昭和史 鶴見俊輔／上坂冬子
606 世界危機をチャンスに変えた幕末維新の知恵 原口 泉
640 アトランティス・ミステリー 庄子大亮
647 器量と人望 西郷隆盛という磁力 立元幸治
660 その時、歴史は動かなかった!? 鈴木眞哉
663 日本人として知っておきたい近代史［明治篇］ 中西輝政
672 地方別・並列日本史 武光 誠
677 イケメン幕末史 小日向えり
679 四字熟語で愉しむ中国史 塚本青史
704 坂本龍馬と北海道 原口 泉
725 蔣介石が愛した日本 関 榮次
734 謎解き「張作霖爆殺事件」 加藤康男
738 アメリカが畏怖した日本 渡部昇一
740 戦国時代の計略大全 鈴木眞哉
743 日本人はなぜ震災にへこたれないのか 関 裕二
748 詳説〈統帥綱領〉 柘植久慶
755 日本人はなぜ日本のことを知らないのか 竹田恒泰
759 大いなる謎 平清盛 川口素生
761 真田三代 平山 優
776 はじめてのノモンハン事件 森山康平
784 日本古代史を科学する 中田 力
791 『古事記』と壬申の乱 関 裕二
802 後白河上皇「絵巻物」の力で武士に勝った帝 小林泰三

［思想・哲学］

032 〈対話〉のない社会 中島義道
058 悲鳴をあげる身体 鷲田清一
083 「弱者」とはだれか 小浜逸郎
086 脳死・クローン・遺伝子治療 加藤尚武
223 不幸論 中島義道
468 「人間嫌い」のルール 中島義道
520 世界をつくった八大聖人 一条真也

555 哲学は人生の役に立つのか　木田 元
596 日本を創った思想家たち　鷲田小彌太
614 やっぱり、人はわかりあえない　中島義道／小浜逸郎
658 オッサンになる人、ならない人　富増章成
682 「肩の荷」をおろして生きる　上田紀行
721 人生をやり直すための哲学　小川仁志
733 吉本隆明と柄谷行人　合田正人
785 中村天風と「六然訓」　合田周平

［社会・教育］

117 社会的ジレンマ　山岸俊男
134 社会起業家「よい社会」をつくる人たち　町田洋次
141 無責任の構造　岡本浩一
175 環境問題とは何か　富山和子
324 わが子を名門小学校に入れる法　清水克彦／和田秀樹
335 NPOという生き方　島田 恒
380 貧乏クジ世代　香山リカ
389 効果10倍の〈教える〉技術　吉田新一郎
396 われら戦後世代の「坂の上の雲」　寺島実郎
418 女性の品格　坂東眞理子
495 親の品格　坂東眞理子
504 生活保護vsワーキングプア　大山典宏
515 バカ親、バカ教師にもほどがある　藤原和博／［聞き手］川端裕人
522 プロ法律家のクレーマー対応術　横山雅文
537 ネットいじめ　荻上チキ
546 本質を見抜く力――環境・食料・エネルギー　養老孟司／竹村公太郎
558 若者が3年で辞めない会社の法則　本田有明
561 日本人はなぜ環境問題にだまされるのか　武田邦彦
569 高齢者医療難民　吉岡 充／村上正泰
570 地球の目線　竹村真一
577 読まない力　養老孟司
586 理系バカと文系バカ　竹内 薫［著］／嵯峨野功一［構成］
599 共感する脳　有田秀穂
601 オバマのすごさ やるべきことは全てやる！　岸本裕紀子
602 「勉強しろ」と言わずに子供を勉強させる法　小林公夫
616 「説明責任」とは何か　井之上 喬
618 世界一幸福な国デンマークの暮らし方　千葉忠夫
619 お役所バッシングはやめられない　山本直治
621 コミュニケーション力を引き出す　平田オリザ／蓮行
629 テレビは見てはいけない　苫米地英人
632 あの演説はなぜ人を動かしたのか　川上徹也
633 医療崩壊の真犯人　村上正泰

637 海の色が語る地球環境　切刀正行
641 マグネシウム文明論　矢部 孝／山路達也
642 数字のウソを見破る　中原英臣／佐川 峻
648 7割は課長にさえなれません　城 繁幸
651 平気で冤罪をつくる人たち　井上 薫
652 〈就活〉廃止論　佐藤孝治
654 わが子を算数・数学のできる子にする方法　小出順一
661 友だち不信社会　山脇由貴子
675 中学受験に合格する子の親がしていること　小林公夫
678 世代間格差ってなんだ　城 繁幸／小黒一正／高橋亮平
681 スウェーデンはなぜ強いのか　北岡孝義
687 生み出す力　西澤潤一
692 女性の幸福［仕事編］　坂東眞理子
693 29歳でクビになる人、残る人　菊原智明
694 就活のしきたり　石渡嶺司
706 日本はスウェーデンになるべきか　高岡 望
708 電子出版の未来図　立入勝義
719 なぜ日本人はとりあえず謝るのか　佐藤直樹
720 格差と貧困のないデンマーク　千葉忠夫
735 強毒型インフルエンザ　岡田晴恵
739 20代からはじめる社会貢献　小暮真久
741 本物の医師になれる人、なれない人　小林公夫
751 日本人として読んでおきたい保守の名著　潮 匡人
753 日本人の心はなぜ強かったのか　齋藤 孝
764 地産地消のエネルギー革命　黒岩祐治
766 やすらかな死を迎えるためにしておくべきこと　大野竜三
769 学者になるか、起業家になるか　城戸淳二／坂本桂一
780 幸せな小国オランダの智慧　紺野 登
783 原発「危険神話」の崩壊　池田信夫
786 新聞・テレビはなぜ平気で「ウソ」をつくのか　上杉 隆
789 「勉強しろ」と言わずに子供を勉強させる言葉　小林公夫
792 「日本」を捨てよ　苫米地英人
798 日本人の美徳を育てた「修身」の教科書　金谷俊一郎

［文学・芸術］

258 「芸術力」の磨きかた　林 望
343 ドラえもん学　横山泰行
368 ヴァイオリニストの音楽案内　高嶋ちさ子
391 村上春樹の隣には三島由紀夫がいつもいる。　佐藤幹夫
415 本の読み方 スロー・リーディングの実践　平野啓一郎
421 「近代日本文学」の誕生　坪内祐三
497 すべては音楽から生まれる　茂木健一郎
519 團十郎の歌舞伎案内　市川團十郎

578 心と響き合う読書案内　小川洋子
581 ファッションから名画を読む　深井晃子
588 小説の読み方　平野啓一郎
612 身もフタもない日本文学史　清水義範
617 岡本太郎　平野暁臣
623 「モナリザ」の微笑み　布施英利
636 あの作家の隠れた名作　石原千秋
668 謎解き「アリス物語」　稲木昭子／沖田知子
676 ぼくらが夢見た未来都市　五十嵐太郎／磯　達雄
707 宇宙にとって人間とは何か　小松左京
731 フランス的クラシック生活　ルネ・マルタン［著］／高野麻衣［解説］
781 チャイコフスキーがなぜか好き　亀山郁夫

［心理・精神医学］

053 カウンセリング心理学入門　國分康孝
065 社会的ひきこもり　斎藤　環
103 生きていくことの意味　諸富祥彦
111 「うつ」を治す　大野　裕
171 学ぶ意欲の心理学　市川伸一
196 〈自己愛〉と〈依存〉の精神分析　和田秀樹
304 パーソナリティ障害　岡田尊司
364 子どもの「心の病」を知る　岡田尊司
381 言いたいことが言えない人　加藤諦三
453 だれにでも「いい顔」をしてしまう人　加藤諦三
487 なぜ自信が持てないのか　根本橘夫
534 「私はうつ」と言いたがる人たち　香山リカ
550 「うつ」になりやすい人　加藤諦三
583 だましの手口　西田公昭
608 天才脳は「発達障害」から生まれる　正高信男
627 音に色が見える世界　岩崎純一
674 感じる力 瞑想で人は変われる　吉田脩二
680 だれとも打ち解けられない人　加藤諦三
695 大人のための精神分析入門　妙木浩之
697 統合失調症　岡田尊司
701 絶対に影響力のある言葉　伊東　明
703 ゲームキャラしか愛せない脳　正高信男
724 真面目なのに生きるのが辛い人　加藤諦三
730 記憶の整理術　榎本博明
796 老後のイライラを捨てる技術　保坂　隆
799 動物に「うつ」はあるのか　加藤忠史
803 困難を乗り越える力　蝦名玲子

[医療・健康]

336 心の病は食事で治す　生田 哲
436 高次脳機能障害　橋本圭司
498 「まじめ」をやめれば病気にならない　安保 徹
499 空腹力　石原結實
533 心と体の不調は「歯」が原因だった！　丸橋 賢
551 体温力　石原結實
552 食べ物を変えれば脳が変わる　生田 哲
656 温泉に入ると病気にならない　松田忠徳
669 検診で寿命は延びない　岡田正彦
685 家族のための介護入門　岡田慎一郎
690 合格を勝ち取る睡眠法　遠藤拓郎
691 リハビリテーション入門　橋本圭司
698 病気にならない脳の習慣　生田 哲
712 「がまん」するから老化する　和田秀樹
754 「思考の老化」をどう防ぐか　和田秀樹
756 老いを遅らせる薬　石浦章一
760 「健康食」のウソ　幕内秀夫
770 ボケたくなければ、これを食べなさい　白澤卓二
773 腹7分目は病気にならない　米山公啓
774 知らないと怖い糖尿病の話　宮本正章
788 老人性うつ　和田秀樹
794 日本の医療 この人を見よ　海堂 尊
800 医者になる人に知っておいてほしいこと　渡邊 剛
801 老けたくなければファーストフードを食べるな　山岸昌一

[経済・経営]

078 アダム・スミスの誤算　佐伯啓思
079 ケインズの予言　佐伯啓思
187 働くひとのためのキャリア・デザイン　金井壽宏
379 なぜトヨタは人を育てるのがうまいのか　若松義人
450 トヨタの上司は現場で何を伝えているのか　若松義人
526 トヨタの社員は机で仕事をしない　若松義人
542 中国ビジネス とんでも事件簿　範 雲涛
543 ハイエク 知識社会の自由主義　池田信夫
579 自分で考える社員のつくり方　山田日登志
587 微分・積分を知らずに経営を語るな　内山 力
594 新しい資本主義　原 丈人
603 凡人が一流になるルール　齋藤 孝
620 自分らしいキャリアのつくり方　高橋俊介
645 型破りのコーチング　平尾誠二／金井壽宏
655 変わる世界、立ち遅れる日本　ビル・エモット[著]／烏賀陽正弘[訳]
689 仕事を通して人が成長する会社　中沢孝夫

709 なぜトヨタは逆風を乗り越えられるのか　若松義人
710 お金の流れが変わった！　大前研一
713 ユーロ連鎖不況　中空麻奈
727 グーグル10の黄金律　桑原晃弥
750 大災害の経済学　林 敏彦
752 日本企業にいま大切なこと　野中郁次郎／遠藤 功
775 なぜ韓国企業は世界で勝てるのか　金 美徳
778 課長になれない人の特徴　内山 力
790 一生食べられる働き方　村上憲郎
806 一億人に伝えたい働き方　鶴岡弘之

[**政治・外交**]

318・319 憲法で読むアメリカ史（上・下）　阿川尚之
326 イギリスの情報外交　小谷 賢
413 歴代総理の通信簿　八幡和郎
426 日本人としてこれだけは知っておきたいこと　中西輝政
631 地方議員　佐々木信夫
644 誰も書けなかった国会議員の話　川田龍平
667 アメリカが日本を捨てるとき　古森義久
686 アメリカ・イラン開戦前夜　宮田 律
688 真の保守とは何か　岡崎久彦
729 国家の存亡　関岡英之
745 官僚の責任　古賀茂明
746 ほんとうは強い日本　田母神俊雄
795 防衛戦略とは何か　西村繁樹
807 ほんとうは危ない日本　田母神俊雄

[**人生・エッセイ**]

147 勝者の思考法　二宮清純
263 養老孟司の〈逆さメガネ〉　養老孟司
340 使える！『徒然草』　齋藤 孝
377 上品な人、下品な人　山﨑武也
411 いい人生の生き方　江口克彦
424 日本人が知らない世界の歩き方　曾野綾子
431 人は誰もがリーダーである　平尾誠二
484 人間関係のしきたり　川北義則
500 おとなの叱り方　和田アキ子
507 頭がよくなるユダヤ人ジョーク集　烏賀陽正弘
575 エピソードで読む松下幸之助　ＰＨＰ総合研究所〔編著〕
585 現役力　工藤公康
600 なぜ宇宙人は地球に来ない？　松尾貴史
604 〈他人力〉を使えない上司はいらない！　河合 薫
609 「51歳の左遷」からすべては始まった　川淵三郎
630 笑える！ 世界の七癖 エピソード集　岡崎大五

634 「優柔決断」のすすめ　古田敦也
653 筋《すじ》を通せば道は開ける　齋藤　孝
657 駅弁と歴史を楽しむ旅　金谷俊一郎
664 脇役力〈ワキヂカラ〉　田口　壮
665 お見合い1勝99敗　吉良友佑
671 晩節を汚さない生き方　鷲田小彌太
699 采配力《さいはいりょく》　川淵三郎
700 プロ弁護士の処世術　矢部正秋
702 プロ野球 最強のベストナイン　小野俊哉
714 野茂英雄
　　ロバート・ホワイティング［著］／松井みどり［訳］
715 脳と即興性　山下洋輔／茂木健一郎
722 長嶋的、野村的　青島健太
726 最強の中国占星法　東海林秀樹
736 他人と比べずに生きるには　高田明和
742 みっともない老い方　川北義則
763 気にしない技術　香山リカ
771 プロ野球 強すぎるチーム 弱すぎるチーム　小野俊哉
772 人に認められなくてもいい　勢古浩爾
782 エースの資格　江夏　豊
787 理想の野球　野村克也
793 大相撲新世紀 2005－2011　坪内祐三

［知的技術］

003 知性の磨きかた　林　望
025 ツキの法則　谷岡一郎
112 大人のための勉強法　和田秀樹
180 伝わる・揺さぶる！ 文章を書く　山田ズーニー
203 上達の法則　岡本浩一
305 頭がいい人、悪い人の話し方　樋口裕一
351 頭がいい人、悪い人の〈言い訳〉術　樋口裕一
390 頭がいい人、悪い人の〈口ぐせ〉　樋口裕一
399 ラクして成果が上がる理系的仕事術　鎌田浩毅
404 「場の空気」が読める人、読めない人　福田　健
438 プロ弁護士の思考術　矢部正秋
544 ひらめきの導火線　茂木健一郎
573 1分で大切なことを伝える技術　齋藤　孝
605 1分間をムダにしない技術　和田秀樹
615 ジャンボ機長の状況判断術　坂井優基
624 「ホンネ」を引き出す質問力　堀　公俊
626 〝口ベタ〟でもうまく伝わる話し方　永崎一則
646 世界を知る力　寺島実郎
662 マインドマップ デザイン思考の仕事術
　　木全　賢／松岡克政

666 自慢がうまい人ほど成功する　樋口裕一
673 本番に強い脳と心のつくり方　苫米地英人
683 飛行機の操縦　坂井優基
711 コンピュータvsプロ棋士　岡嶋裕史
717 プロアナウンサーの「伝える技術」　石川 顕
718 必ず覚える！ 1分間アウトプット勉強法　齋藤 孝
728 論理的な伝え方を身につける　内山 力
732 うまく話せなくても生きていく方法　梶原しげる
733 超訳 マキャヴェリの言葉　本郷陽二
747 相手に9割しゃべらせる質問術　おちまさと
749 世界を知る力 日本創生編　寺島実郎
762 人を動かす対話術　岡田尊司
768 東大に合格する記憶術　宮口公寿
805 使える！「孫子の兵法」　齋藤 孝

[**自然・生命**]
208 火山はすごい　鎌田浩毅
299 脳死・臓器移植の本当の話　小松美彦
659 ブレイクスルーの科学者たち　竹内 薫
777 どうして時間は「流れる」のか　二間瀬敏史
797 次に来る自然災害　鎌田浩毅
808 資源がわかればエネルギー問題が見える　鎌田浩毅

[**地理・文化**]
264 「国民の祝日」の由来がわかる小事典　所 功
332 ほんとうは日本に憧れる中国人　王 敏
465・466 [決定版] 京都の寺社505を歩く(上・下)
山折哲雄／槇野 修
592 日本の曖昧《あいまい》力　呉 善花
635 ハーフはなぜ才能を発揮するのか　山下真弥
639 世界カワイイ革命　櫻井孝昌
650 奈良の寺社150を歩く　山折哲雄／槇野 修
670 発酵食品の魔法の力　小泉武夫／石毛直道[編著]
684 望郷酒場を行く　森 まゆみ
696 サツマイモと日本人　伊藤章治
705 日本はなぜ世界でいちばん人気があるのか　竹田恒泰
744 天空の帝国インカ　山本紀夫
757 江戸東京の寺社609を歩く 下町・東郊編
山折哲雄／槇野 修
758 江戸東京の寺社609を歩く 山の手・西郊編
山折哲雄／槇野 修
765 世界の常識vs日本のことわざ　布施克彦
779 東京はなぜ世界一の都市なのか　鈴木伸子
804 日本人の数え方がわかる小事典　飯倉晴武